LE PREMIER VERRE
Alcoolique à 12 ans

Élodie COMTE
Avec la collaboration de Serge Filippini

LE PREMIER VERRE

Alcoolique à 12 ans

Michel LAFON

7-13, boulevard Paul-Émile-Victor - Île de la Jatte
92521 Neuilly-sur-Seine Cedex

www.michel-lafon.com

– Préface –

Nous vivons en France. Un pays réputé pour sa culture du vin et ses traditions. Un pays qui atteint des sommets œnologiques tout en sombrant dans des profondeurs médicales et sanitaires catastrophiques.

Pour des raisons culturelles, historiques et économiques, nous avons refusé de nous rendre à la triste évidence que l'alcool (y compris le vin) tue. Nous avons fermé les yeux sur les dizaines de milliers de morts dues chaque année à l'alcool. Peu importaient les cancers, les cirrhoses, les accidents de la route, les violences conjugales ou du week-end en ville, les bébés malformés, débiles. « Touche pas à mon stock », telle aurait pu être la maxime honteuse de la fin de notre XXe siècle.

Le feuilleton des addictions comporte trois épisodes : usage, abus et dépendance. C'est mathématique, mais non obligatoire : la dépendance ne peut survenir qu'après l'usage. Festif ou convivial. Mais dans notre beau pays, l'alcool ne se consomme pas seulement lors de dîners entre amis ou de soirées d'adultes un peu trop arrosées. Non ! Cette substance circule lors de fêtes familiales durant lesquelles les parents se glorifient d'initier leurs enfants de quatre ans ou six ans au breuvage sacré – « Allez, mon chéri, trempe tes lèvres dans le verre de champagne ! C'est la fête ! »

Mes premières gorgées d'alcool, je les ai bues le jour de ma communion. Quelques gouttes et deux ou trois bouffées de cigarette. L'alcool m'a éméchée, le tabac m'a fait tourner la tête. C'est mon tout premier souvenir lié à la boisson. Voilà les premières lignes du livre d'Élodie Comte... la messe est dite.

Je me suis souvent retrouvé, lors de mariages, d'anniversaires, de déjeuners dominicaux, face à des parents soucieux d'initier leurs enfants à l'alcool afin de « les faire participer à la fête ». J'ai alors proposé à ces mêmes parents de faire également goûter à leurs chères têtes blondes une petite ligne de cocaïne. La stupéfaction fut grande et la réaction, immédiate : « Mais ce n'est pas la même chose ! L'alcool, ce n'est pas une drogue ! »

Nous y voilà. Pour nous, Français, l'alcool n'est pas une drogue. Mais comment appeler une substance responsable de 400 000 décès par an ? Une substance qui conduit à la dépendance, cet état où il devient impossible d'arrêter sa consommation sous peine de souffrir de manque. Cet état où vouloir arrêter n'est plus pouvoir. Où savoir (que nous mettons notre vie en danger) n'est plus pouvoir.

Oui, l'alcool (y compris le vin et la bière) est bien une drogue. Certes, une drogue que la majorité d'entre nous sait apprivoiser, consommer avec modération... notamment en France. Mais que fait-on des 15 % de personnes vulnérables qui, un jour, rencontreront de graves problèmes avec l'alcool ? 15 %, cela signifie un million de morts en France entre 1970 et 2000... Oui, un million !

Qui sont-ils, ces 15 % ? Voici sans doute la question-clé de l'addictologie. Pas forcément « les autres ». Ils peuvent, un jour, être vous... ou moi car nous sommes tous concernés par les drogues, nous sommes tous des dépendants en puissance, mais certains plus que d'autres !

N'imaginez pas que ces personnes vulnérables représentent une population de faibles, de losers ! Au contraire, les addicts sont, en grande majorité, des personnes « un peu plus que les autres » : plus sensibles, plus émotives, plus actives ou réactives, plus curieuses, plus avides de sensations fortes. Pour les Anglo-Saxons, l'addiction est un *excessive appetite*. Quelle belle définition !

L'addiction est une maladie des émotions et de l'hyper. Une maladie qui touche plus souvent les surdoués que les sous-doués. Quelques exemples : Gainsbourg était génial et addict. Diego Maradona était « la main de Dieu » et addict. Pour ne citer qu'eux... Et cette jeune fille dont vous allez découvrir le parcours : plus mûre que les jeunes de son âge, aimée de ses parents (non divorcés), simplement angoissée lors de son entrée en sixième. Une jeune fille comme des milliers d'autres qui nous démontre à travers son livre que, oui, nous sommes tous des dépendants potentiels.

Nous traversons tous, dans nos vies, des moments où nous nous sentons plus ou moins vulnérables. Des périodes posttraumatiques où nous nous retrouvons confrontés à un deuil, un échec professionnel ou encore une rupture amoureuse. Nous sommes alors prêts à tout pour éviter la souffrance. Il suffit qu'à cet instant nous fassions la « rencontre » d'une substance susceptible de produire sur notre cerveau un effet apaisant, dopant ou euphorisant pour que nous nous y jetions à corps perdu. À ce moment précis, l'alcool, comme toute drogue, va agir initialement avec efficacité contre les troubles de l'humeur, les pensées ruminantes, les difficultés de relation aux autres ou encore la vision noire du futur. Ces fonctions positives initiales réelles ne durent qu'un temps. Un temps suffisamment long cependant pour modifier nos fonctionnements les plus intimes et nous condamner à ne plus pouvoir bouger, vivre, respirer sans ce nouveau « carburant ».

Il existe des vulnérabilités sans doute moins évidentes, mais que l'on devine sans peine : la période ô combien agitée de l'adolescence ou encore la condition des femmes d'aujourd'hui, contraintes de suivre le rythme effréné de la vie contemporaine en multipliant les rôles de mère, d'épouse, d'amante tout en travaillant.

Je ne souhaiterais pas clore cette préface sans évoquer les femmes enceintes et le risque d'alcoolisation du fœtus pendant la grossesse. Il aura fallu de graves batailles et entre 3 000 et 7 000 malformations néonatales par an pour qu'enfin soit apposé sur nos belles bouteilles un logo préventif accompagné du message « Zéro alcool pendant la grossesse ».

Le XXe siècle fut un siècle particulièrement stupide et moralisateur dans le domaine des addictions avec ses guerres à la drogue et ses faux savoirs.

Nous devons, aujourd'hui, nous donner les moyens médicaux, politiques et sociaux de traiter la dépendance avec dignité, efficacité et intelligence pour qu'enfin elle soit reconnue comme une maladie fonctionnelle, une authentique maladie du cerveau.

Je remercie Élodie Comte pour sa belle contribution à cette évolution souhaitée : rendre le XXIe siècle moins naïf, moins stupide pour faire avancer la médecine des addictions.

William LOWENSTEIN,
médecin, spécialiste des addictions

– Prologue –

Voilà aujourd'hui trois ans que je consacre l'essentiel de mon emploi du temps à la prévention contre l'alcool.

Souvent les anciens alcooliques font ça. Ils aident les autres à ne pas sombrer. Ou à s'en sortir. Et c'est ce que je suis : une ancienne alcoolique. Bien que je n'aie que dix-neuf ans. Je vais expliquer ce qui m'est arrivé. Mon histoire. Mon « adolescence »...

Mais d'abord, je souhaite évoquer les interventions que je fais désormais auprès des jeunes dans les écoles, après avoir suivi une formation psychologique qui m'a permis de mieux comprendre, de mieux expliquer, d'avoir du recul et plus d'efficacité.

Je me rends en général dans les lycées avec mes amis de l'association Vie libre. Tous sont des bénévoles. Pierre Fournier, Patrick Pardessus, Jacques et Sylvie Lorcy, d'autres encore... Il m'est impossible de citer leur nom à tous, mais j'aurai l'occasion de reparler de ces gens, du rôle immense qu'ils jouent dans la société, et de celui, non moins grand, qu'ils ont joué dans ma vie. Je ne pouvais commencer mon récit autrement qu'en leur rendant hommage. Désormais nous témoignons ensemble. Inlassablement. Par équipes de trois. À tour de rôle. Je dois préciser aussi que nous ne faisons pas un cours. Avec nous, pas de leçon. Pas de barrière non plus. Pas de bureau ni d'estrade. Nous ne sommes pas des professeurs. Nous transmettons des connaissances, certes. Nous relatons des expériences. Mais sans juger personne ni distribuer de notes. Les élèves forment un cercle. On s'assied avec eux, parmi eux. On parle. On raconte. On échange. On partage. On s'excuse d'avance, sachant que l'auditoire peut être choqué par ce qu'il va entendre. Du reste, tous les présents n'ont pas choisi d'être là. Certains viennent parce que l'établissement les y oblige. Il suffit parfois de quelques questions pour briser la glace : « Qui a bu parmi vous ? » ou encore « L'un ou l'une d'entre vous a-t-il déjà été ivre ? » On leur propose d'en parler librement ; et il est vrai que s'ils marquent au début une certaine hésitation, ils s'exprimeront finalement plus volontiers en l'absence de leurs professeurs.

La réunion dure environ deux heures. Les élèves écoutent l'historique de l'association Vie libre. Puis vient le moment d'admettre qu'ils ont eux aussi des inquiétudes, donc des questions à poser : « Pourquoi vous êtes-vous mis à boire ? » ou « On boit beaucoup en France ? » La réponse est que notre pays n'est pas mal placé, en effet, et que le fléau vise de plus en plus les jeunes.

« Le vin, c'est toujours nocif ? » Cette fois, la réponse est non. Le vin n'est pas en soi une mauvaise chose. Mais dix verres par jour, c'est dramatique ! C'est le meilleur moyen de s'attirer des quantités d'ennuis, souvent très graves.

« C'est quoi, les risques, exactement ? » Les risques... On entre là dans le cœur du sujet. À ce point, il arrive que les jeunes ne supportent pas la réponse. Les dégâts de l'alcool... Rien que d'en écouter une description, c'est traumatisant. Les ravages physiques d'abord. Le cancer de la langue, le cancer de la gorge, le cancer du nez. Des intestins. De l'œsophage. De la peau. L'alcool traîne avec lui à peu près tous les cancers de la création. Sans parler des troubles neurologiques. Des ennuis dentaires. De la mémoire que l'alcool ronge sans pitié, jour après jour, jusqu'à destruction complète. La catastrophe psychologique n'est pas moins grande. La perte d'autonomie. Les relations ruinées, corrompues par le mensonge et l'agressivité. L'affection qui s'en va. L'amour qui devient impossible. L'avenir disparu de l'horizon.

Comme aime à le répéter mon ami Jacques Lorcy, le buveur est « intéressant » au début. Intéressant et heureux. Quand il a de l'argent en poche. Quand il paie des tournées. Quand il amuse la galerie. Là, il plaît ! Il régale. Il se fait aimer. On l'entoure. On lui veut du bien. On l'écoute. Puis le temps passe. La situation se dégrade tout doucement. Et bientôt le buveur n'a plus d'argent. Ou il a perdu le contrôle de lui-même. Alors il n'invite plus. Il cesse d'être intéressant. Il ne fait plus rire personne. Il n'est plus aimable. Il encombre, même. Adieu, le boute-en-train ! Le gai compagnon est mort. Il ne reste plus qu'un gars qui vomit. Un homme à terre. Un pauvre type, seul, méprisé, abandonné. Un poivrot qui titube. Qui ne sait plus ce qu'il dit. Ni où il habite. Un être qui se pisse dessus. Qui sent mauvais. Un emmerdeur. Une chose. Moins qu'une chose.

J'aime bien cette parabole de Jacques. Parce qu'elle est juste. Parce qu'elle symbolise réellement le destin de l'alcoolique, jeune ou vieux, considéré sur le temps de sa vie ou de sa période de maladie. Au début, le buveur plaît. Parce qu'il sait boire. Parce qu'il répand la joie et la rigolade. Puis vient le jour où il déplaît, où il dérange. À ce moment-là, le buveur a du souci à se faire. Ne serait-ce que parce qu'il est peut-être trop tard... Remonter la pente est une des escalades les plus difficiles du monde. Se reconquérir soi-même : l'épreuve est cruelle. Bien plus dure qu'une ascension en montagne ! Plus dure qu'un Vendée Globe ! Qu'une Coupe du monde de foot ! Il faut l'avoir vécu pour le savoir vraiment.

Ce sont des vérités que certains élèves n'ont pas toujours envie d'entendre. Surtout quand ils sont concernés, à un titre ou à un autre. Parce qu'ils rencontrent le problème dans leur propre famille. Voire parce qu'ils se sentent menacés personnellement. C'est pourquoi il arrive qu'ils quittent la salle. Quand c'est le cas, je leur cours après dans le couloir. Je les persuade de venir se rasseoir. De continuer à écouter. D'affronter l'angoisse de l'alcool. À ce moment-là, j'interviens plus volontiers, et plus longuement. Je suis proche d'eux par l'âge, alors que mes amis, les bénévoles de Vie libre, sont des hommes mûrs, la plupart du temps. Ce qui peut créer une barrière.

D'autres fois, lors des Journées sans alcool, par exemple, des gendarmes sont présents. Ou des militaires de la BPDJ, la Brigade de prévention de la délinquance juvénile. Car il existe un lien évident entre alcool et délinquance. Et les gendarmes sont mieux à même de décrire les aspects juridiques du problème. Ils possèdent les compétences pour le faire. La vente d'alcool aux mineurs. La conduite en état d'ivresse. Les erreurs et les fautes dans lesquelles on tombe si facilement sous l'emprise de la boisson. Les gendarmes ne sont pas là seulement pour réprimer, arrêter, punir, ils sont là aussi pour pratiquer une certaine forme de prévention. D'ailleurs ils ont joué un rôle très important dans mon sauvetage.

Mais il est vrai que les jeunes écouteront plus facilement quelqu'un qui leur semble proche, qui s'habille comme eux, parle leur langue. Et c'est là que je suis peut-être mieux placée pour intervenir. En général, c'est moi qui témoigne en dernier. Jacques Lorcy, pour me présenter, s'adresse souvent à l'auditoire en ces termes : « Vous connaissez peut-être déjà Élodie ? » Certains lèvent la main ; ils m'ont vue à la télévision, dans l'émission *Sept à huit*. Le contact est établi. Dès lors, Jacques veille à ce que le dialogue ne tourne pas à l'interrogatoire, au voyeurisme. Je suis là pour délivrer mon témoignage, pour rendre compte d'un épisode douloureux de ma vie, pas pour me faire « cuisiner ». Ni pour jouer les stars. Je veux seulement raconter ce qu'a été mon adolescence. Comment le passage de l'enfance à l'âge adulte, chez moi, s'est opéré d'une façon particulière, avec pour seul vrai compagnon, l'alcool.

C'est lui, l'alcool, qui occupait toutes mes pensées. Qui tirait le fil de mes journées. Qui définissait mes relations avec les autres. Avec mes parents, mes sœurs et ma famille. Avec les professeurs. Avec le monde adulte en général. L'alcool représentait tout mon présent et tout mon avenir. Il commandait mes études – mon absence d'études, plutôt. C'était un ami égoïste. En fait, un ami tyrannique. Il ne pensait qu'à lui. Si j'avais continué à le fréquenter, je serais morte à l'heure qu'il est, et non pas en train d'écrire un livre, en train de témoigner pour que d'autres ne sombrent pas, en train de me rendre utile. Et lui, il serait toujours là. Il ciblerait une nouvelle victime. D'abord il la séduirait sournoisement ; puis il frapperait de toutes ses forces. Cet ami n'était pas un ami. C'était le contraire d'un ami. C'était mon ennemi. Il me voulait du mal ; et il m'en a fait beaucoup. Beaucoup trop.

En général, les jeunes que nous rencontrons dans les écoles sont attentifs à cette histoire. Mais pas toujours. En réalité, nous savons dès les premières minutes si la salle sera réceptive ou non. Il arrive qu'il y ait des provocations. Comme ce fameux jour, à Chartres, où plusieurs élèves se sont présentés en état d'ivresse. Ils étaient cinq. Ils avaient bu juste avant la rencontre. Ils sont venus à la réunion dans un état d'alcoolisation avancé. Parler fut impossible. C'étaient les ricanements, les moqueries... Je suis bien placée pour savoir ce qu'est une provocation. Ce petit jeu, je l'ai tellement pratiqué moi-même ! Notre réaction a consisté à revenir plus tard, et à intervenir rien que pour eux cinq quand ils ont eu recouvré leurs esprits. Tout a été repris à zéro. Cette fois, ils n'avaient pas bu. Nous avons pu approfondir. Expliquer à quel point la volonté est une chose importante. La maîtrise de son corps. De sa vie. De son avenir. Des liens familiaux. Amicaux aussi. Affectifs. Amoureux. Je pense que le message est passé, en définitive. Et je suis très fière de l'attitude que nous avons eue. Ne pas juger – informer. Créer les conditions qui permettent de dire aux jeunes ce qu'il en est. Ensuite, c'est à chacun de se déterminer. Librement.

Il faut être capable aussi de parler avec les jeunes d'autre chose que de l'alcool. Car la communication passe par toutes sortes de canaux. Personnellement, je supporte l'Olympique de Marseille. Je suis une fan de cette équipe. J'ai des tee-shirts et des sweats marqués de son logo. Ma chambre est tapissée de posters des grands noms de l'histoire de l'OM. Ribéry, Drogba, Blanc, Barthez, Dessailly. Zidane, bien sûr, dont je possède de superbes photos. Et les anciens : Trésor, Léonetti. Ma passion du foot est née en 1998 quand nous avons gagné la Coupe du monde. Ces joueurs ont voulu faire quelque chose de leur vie. Ils ont développé leur volonté. Ils ont choisi un véritable ami : le foot. Ils se sont appuyés sur ce qu'ils avaient de meilleur en eux-mêmes. Il y a là un sujet qui permet de créer de la communication avec ces jeunes qui sont parfois désorientés. Ou prêts à se laisser entraîner parce qu'ils ont eu un coup de cafard, une déception, une dispute, une contrariété au collège ou à la maison. Parce que leurs parents ont des problèmes, et pas toujours le temps de veiller sur eux comme ils le devraient...

N'importe quel sujet peut conduire à un échange utile sur l'alcool. Et je suis persuadée que parler de l'alcool ne peut qu'aider les jeunes. D'ailleurs, à la fin de la réunion, ils repartent avec de la documentation. Ils fourrent les brochures dans leur sac. Je ne doute pas qu'ils les consultent une fois tranquilles, quand ils se retrouvent seuls avec eux-mêmes et avec leur vie, en situation de réfléchir au calme, d'envisager l'affaire avec un minimum de recul.

Du reste, quand je les croise par hasard en ville, bien souvent ils me parlent de la visite que j'ai rendue dans leur lycée. Et même ils me remercient d'être intervenue, de les avoir informés, conseillés, mis en garde. Ils me trouvent courageuse, et ils n'oublient jamais de me le dire.

Je ne fais pas qu'intervenir dans les écoles ; je milite aussi « sur le terrain », si je puis dire. Quand je sors avec des amis, par exemple, ce n'est pas seulement pour m'amuser – même si c'est aussi pour passer une bonne soirée. J'essaie de jouer un rôle dans le déroulement de la fête. Je me débrouille pour que la sortie en boîte finisse bien – et non pas dans le chaos. Et ce en exerçant mon influence, du fait de l'autorité que me confère mon expérience particulière. Car un moment entre amis peut très bien – et très vite – basculer dans la tragédie. À cause de l'alcool. « Alcool » a pour synonymes « bagarre », « accident de la circulation », « coma ». Une chose est importante à noter. De même que les jeunes des lycées n'ont pas conscience du fait que l'alcool est un fléau, de même ils ne comprennent pas l'importance des gestes à accomplir quand la soirée tourne mal. Quand l'un d'eux finit la soirée vautré par terre, les autres ont tendance à s'éclipser. Au mieux, à ne rien faire. Dans ces moments-là, ils ont peur de tout – de la police, des parents, de leurs propres réactions. Ils ne se rendent pas compte qu'il est important d'appeler les pompiers, voire les gendarmes. Pour éviter le coma éthylique, par exemple. Ils ont tendance à associer les pompiers et les gendarmes à l'autorité, et l'autorité à l'ennemi, alors qu'ils sont là aussi pour leur venir en aide, quelquefois les tirer d'affaire, ou même leur sauver la vie.

C'est là que j'interviens. Je passe la soirée avec eux, mais sans boire une goutte d'alcool. Ils respectent mon abstinence. Ils ne me proposent pas de prendre un verre. Ils ne me mettent pas au défi. Ils ne me provoquent pas. Je leur en sais gré. Ils savent par quelle épreuve je suis passée. Si bien qu'au moment où je vois que les choses commencent à tourner mal, je peux réagir. Appeler les pompiers ou les gendarmes – ce qu'eux ne feront pas, comme je viens de l'expliquer. Je peux prévenir aux deux sens du terme : prévenir les dégâts, mais aussi prévenir qui de droit quand c'est nécessaire. C'est moi qui appelle au secours. J'agis pour eux, dans leur intérêt. Et je peux le faire parce qu'ils me respectent.

C'est ainsi que mon activité de militante au sein de l'association Vie libre se double d'un rôle d'éducatrice auprès des jeunes. Je ne leur demande pas de ne pas boire ! Je leur explique seulement qu'il faut savoir freiner avant de sombrer dans la catastrophe. Je leur fais entrevoir le danger, les limites à ne pas franchir. Car il y a toujours un moment, quand on a bu, où l'on devient bruyant, où l'on s'embarque dans des bêtises, où l'on commet des erreurs.

Après, c'est trop tard. Réparer ses erreurs est toujours beaucoup plus douloureux que descendre des bières.

Je leur apprends ce qu'ils ignorent peut-être, à savoir que s'ils vont trop loin – et je suis allée trop loin, en ce qui me concerne – ils risquent de s'attirer de très graves ennuis. Le coma. La cellule de dégrisement. Les conflits lourds avec la famille et la société. Les maux physiques et l'hôpital. Et peut-être l'impossibilité, pour le restant de leur vie, de boire une seule goutte d'alcool.

Ils s'étonnent d'ailleurs de m'entendre dire que je ne suis pas encore guérie, alors qu'ils m'ont vue passer toute la soirée à m'amuser sans descendre un seul verre. Je leur montre mes mains qui ne tremblent plus. Je leur dis que j'ai tenu trois ans, et que mon objectif est de passer le cap des cinq ans. C'est le challenge que je me suis fixé. Tant que je n'aurai pas franchi ce cap, je refuserai de m'estimer guérie. Et même après, je ne serai pas guérie ! Je sais que je serai à jamais en sursis. L'effort sera toujours à recommencer. Il suffit de manger un chocolat alcoolisé, avec sa petite goutte de kirsch cachée à l'intérieur, pour que la maladie s'empare de vous à nouveau. Pour qu'elle fonde sur vous comme le loup sur l'agneau !

En même temps, j'estime que le fait de se lancer un défi à soi-même est une bonne chose pour la fierté personnelle. Réussir est gratifiant. Tenir bon est gratifiant. Cultiver sa dignité est gratifiant. De même que savoir rester en bonne santé. Entretenir sa force et son autorité sur autrui. Être enfin respecté. Car le malade alcoolique, comme je l'ai dit, n'est pas respecté. Combien de fois ai-je entendu à mon propos : « Regarde-moi ça ! Elle marche encore de travers ! » J'avais beau marcher de travers, j'entendais ce qui se disait dans mon dos. C'étaient des gens qui me connaissaient. Qui auraient dû me respecter. Or, ils me jugeaient. Et en me jugeant, ils me blessaient. Cruellement. Ce qui ne faisait qu'empirer les choses, car plus ils se moquaient de moi et plus ils m'enfonçaient dans ce rôle du poivrot qui n'intéresse plus personne et n'arrive même plus à retrouver sa route.

Enfin, je m'efforce également de ramener autant que faire se peut mes amis dans le « droit chemin », quand c'est possible, quand l'occasion se présente.

Dernièrement, des jeunes que je fréquente ont couvert un transformateur de graffitis. Sous l'emprise de l'alcool, évidemment. Quand vous avez bu, les actes stupides se présentent d'eux-mêmes, sans qu'il soit nécessaire d'aller les chercher. L'envie vous prend de faire l'idiot. C'est quasi automatique. Des graffitis sur un transfo, donc. Après leur exploit, ils ont jeté la bombe de peinture sans faire attention. Avec leurs empreintes dessus, bien entendu. Ils ne se rendaient même pas compte des ennuis qu'ils encouraient en agissant ainsi. Ils ne se doutaient même pas qu'une enquête aurait lieu. Qu'ils avaient toutes les chances d'être poursuivis, jugés, condamnés... J'ai été obligée de mettre les choses au point : « Vous allez me nettoyer ces graffitis, les gars ! » Il a fallu que je hausse un peu le ton, mais ils ont fini par m'écouter. Ils finissent toujours par m'écouter. Ils me connaissent. Ils savent que je ne plaisante pas quand la situation est sérieuse. Ils y sont allés au dissolvant. Et à l'huile de coude ! Résultats, les tags ont tous été effacés. Le transformateur était comme neuf ! J'étais assez fière de moi. Et je suis sûre qu'ils étaient soulagés aussi.

De même en ville, ou au supermarché, si je vois des jeunes avec des bouteilles, je préfère aller leur parler plutôt que de les dénoncer. Souvent ils ont cette phrase universelle : « Je m'arrête quand je veux ! » Sauf que c'est loin d'être vrai, en général. Parce qu'un jour on passe de la bière au whisky – et c'est le début de la fin.

Là réside une grande partie du problème : parler. Beaucoup de jeunes qui ont vocation à devenir des malades alcooliques n'ont pas la chance de pouvoir s'ouvrir de leurs problèmes à leur entourage ou à l'école. Et s'ils ne rencontrent pas une personne à même de s'intéresser à leurs soucis, de les écouter sans les juger, ils risquent de s'engager sur une voie malheureusement fatale. Alors qu'il suffit parfois de si peu ! Un sourire. Une discussion paisible.

D'où le rôle de l'association Vie libre. On va voir les gens. On leur parle. On les écoute. On les amène à se protéger. Car une des choses qui me tient le plus à cœur, c'est de changer l'image du malade alcoolique auprès du public. Je voudrais faire évoluer aussi les réactions des gens. Je voudrais pousser les uns et les autres à s'ouvrir aux problèmes de la personne, au lieu de le rejeter comme un pestiféré. Au lieu de se moquer de lui parce qu'il ne retrouve pas sa route.

D'où mes actions militantes avec mes amis de Vie libre. D'où mes efforts pour jouer les « éducatrices ». D'où ce livre, enfin.

Je voudrais que les jeunes lisent mon témoignage et se rendent compte du danger qui les guette.

– 1 –

Mes premières gorgées d'alcool, je les ai bues le jour de ma communion. Quelques gouttes et deux ou trois bouffées de cigarette. L'alcool m'a éméchée, le tabac m'a fait tourner la tête. C'est mon tout premier souvenir lié à la boisson.

Jusque-là, mon parcours était celui d'une fillette comme les autres, heureuse et sans histoires. Même si j'avais connu des débuts douloureux. Bébé, j'étais fragile, mes parents me l'ont toujours dit et répété. Les médecins avaient même craint un temps pour ma survie. Puis ma santé s'était améliorée. Certes, petite fille, je tombais souvent malade, mais quel enfant n'a pas ses soucis ? Je me faisais beaucoup d'entorses aussi, en jouant dehors. Mais à part ça, j'ai grandi normalement, bien au chaud dans notre jolie maison perchée sur son tertre à Moléans, une commune de la région Centre, près de Châteaudun. Notre village n'est pas grand. La Conie, sa rivière, serpente entre les marécages et s'engouffre sous le pont antique. On y trouve un vieux moulin mystérieux, un château de pierre blanche, un presbytère, des fermes dont certaines s'abritent encore sous un toit de chaume – comme les chaumières des contes de fées. Certains habitants y parlent encore un patois caractéristique de la Beauce ou du Perche.

Notre maison sur la roche, c'est papa qui l'a construite, presque entièrement de ses mains, avant ma naissance. Papa est ouvrier couvreur de métier. Il passe sa vie sur les chantiers. Il a complètement arrêté la boisson alors qu'il était très jeune, l'alcool lui ayant attiré trop d'ennuis, des bagarres notamment. Depuis, il se dévoue à sa famille qui représente tout pour lui. Il a un idéal : que nous ne manquions de rien. Il tient à pouvoir nous emmener en vacances, ou au restaurant de temps à autre. S'il a cessé de boire, il n'a pas changé de caractère pour autant ! Il demeure l'homme impulsif qu'il fut étant jeune, à qui il vaut mieux ne pas chercher des noises. Mais il a le cœur sur la main et chacun le sait. Il est généreux, aimé de son entourage, de ses collègues, de nos voisins. Il adore rendre service. Et je dois dire qu'étant donné son métier de couvreur, ce ne sont pas les occasions de dépanner les gens qui manquent ! Son regard m'impressionne beaucoup. De même que sa phénoménale moustache gauloise. Et les innombrables cicatrices qu'il a sur le crâne, à force de se cogner aux chevrons des charpentes. Il lui manque quelques doigts aussi. C'est pourquoi je l'ai baptisé « Rikiki ». Ce surnom nous fait beaucoup rire, tous les deux.

Maman, qui est femme de ménage, travaille à la mairie de notre commune, ainsi qu'à la salle des fêtes et chez des particuliers. C'est une mère enjouée, tout le temps dans la joie et le don, compréhensive, complice de ses enfants. Comme j'aime surnommer les gens et que maman adore le bleu, je l'appelle « le Schtroumpf ». Il m'arrive aussi de l'appeler *Moon* – « la lune ». Je l'affuble de toutes sortes de petits noms affectueux. En fait, je ne me souviens pas de l'avoir appelée « maman » un jour.

J'ai un frère aîné qui a déjà quitté notre foyer pour aller travailler comme équarisseur loin de chez nous. Mais il me reste mes grandes sœurs, Sonia et Annabelle, avec qui je m'entends bien. Bien sûr, des chamailleries éclatent entre nous. Annabelle veut regarder la Une, et moi, la Six. Ou inversement. On finit par s'envoyer la télécommande à la tête. Mais ce n'est pas méchant – rien que des petites disputes, si courantes dans toutes les familles.

Papa et maman me grondent quand j'oublie de ranger ma chambre, ou si je laisse traîner mon vélo dehors. Je n'ai jamais montré un grand enthousiasme pour faire mes devoirs après l'école, ce qui fâche beaucoup maman. Mais en général l'ambiance est bonne à la maison. Notre famille est aimante. Papa et maman nous gâtent. Nous voulons un jeu, un CD, un vêtement, on nous l'achète. Personne n'a à se plaindre de rien. Et si papa et maman se querellent quelquefois, comme dans toutes les familles, je sais qu'ils s'aiment profondément.

Par beau temps, nous allons pique-niquer au bord de l'eau – papa aime taquiner le poisson. On fréquente aussi les brocantes de la région – mes sœurs ont l'art d'y dégoter des cassettes VHS qu'on visionne avec notre magnétoscope. Nous allons également au cinéma à Châteaudun et au restaurant à Chartres. Ce sont des moments tranquilles.

Toutes mes copines sont du village. On fait du vélo en pédalant contre le vent – mon « plat pays » est balayé en toutes saisons par des vents terribles, affolants. Quand on est fatigué de lutter contre les éléments naturels, on rentre s'échanger nos Playmo, ou bien on va jouer au loup dans le parc du château, sous les arbres torturés qui bordent la rivière, ou encore au Petit-Lourdes, une grotte située au cœur du village, dans la verdure et la fraîcheur, et qui abrite une statue de la Sainte Vierge, des fleurs et des ex-voto.

Pour la petite histoire, la grotte de Notre-Dame de Lourdes doit ses origines à l'abbé de Musy. Celui-ci, presque aveugle, parti à Lourdes vers 1805 et recouvrit la vue lors de son pèlerinage. Pour remercier la vierge, il fit aménager ce lieu de prière. Depuis, l'endroit est devenu un but de pèlerinage qui accueille chaque année des processions de quatre ou cinq cents personnes. Souvent quelqu'un vient discrètement y déposer un bouquet, prononcer une prière, glisser des pièces de monnaie dans le petit tronc réservé à cet effet, qui a la forme d'une lanterne. Personnellement, n'étant pas croyante, je ne fréquente le Petit-Lourdes que pour jouer avec mes amies.

Tel est le décor de mon enfance.

Tout se bouleverse avec mon entrée au collège Anatole-France de Châteaudun. Je supporte mal la rupture avec l'école primaire où nous passions toute la journée en compagnie de la même maîtresse. Bien sûr, j'ai rencontré quelques difficultés d'apprentissage puisque j'ai redoublé mon CE1. Mes notes, dans l'ensemble, n'étaient pas fameuses. Mais, d'un autre côté, j'aimais les matières enseignées en primaire, ainsi que l'ambiance de la « petite » école si accueillante. Au moment d'attaquer ma première rentrée à Châteaudun, je me sens frustrée. Subitement je dois prendre le car de ramassage pour gagner un établissement à cinq kilomètres de chez moi, froid et rébarbatif, devant lequel se dressent des rangées d'immeubles laids, mal entretenus, aux couleurs fanées. Le désenchantement est complet. J'ai l'impression d'être chassée du paradis. Vraiment. Soudain tout est dur, différent, stressant. Il faut se bousculer pour monter dans le car, traîner un sac trop lourd, s'habituer à des profs qui changent toutes les heures, chacun ayant ses manies, ses exigences, son humeur, son caractère. Je trouve que les enseignants se montrent trop souvent ingrats avec nous. Ils sont constamment dans le reproche, dans la réprimande, même quand nous faisons des efforts. Ils nous parlent en employant un ton désagréable, méprisant. Face à cela, je me cabre, me révolte. Au début, je réplique, les professeurs se justifient en disant qu'ils agissent ainsi parce que c'est le seul moyen de nous « faire comprendre les choses ». Ces éducateurs-là ne sont pas proches de nous. Peut-être est-ce une fausse interprétation de ma part, mais je ne ressens pas pour eux le respect que m'inspirent mes parents.

En même temps, ma personnalité change. Je cesse rapidement de porter mes jolies robes de fillette pour venir à l'école en survêtement. Bientôt je ne m'habille plus qu'en jean, baskets et sweat-shirt. Je commence à ne plus vouloir sortir mes affaires en classe. À refuser de travailler. À créer des incidents mineurs. Je commence à m'ennuyer pendant les cours. Les journées deviennent vite trop longues.

Un jour, avec deux garçons, nous décidons de faire le pari de boire à la sortie des cours. Nous avons envie de nous tester mutuellement. Nous voulons savoir qui des trois tient l'alcool. J'attends la fin de la journée avec impatience. Enfin un peu d'animation ! La cloche retentit. Nous franchissons la grille avec les autres, puis nous nous dissimulons derrière les haies. Les garçons ont quatre grandes bières dans leur sac.

On les descend toutes. Et je ne suis pas la dernière, j'ai envie de faire mes preuves, de montrer à ces gars-là qu'ils ont intérêt à me respecter, que je suis aussi forte qu'eux – voire plus, même. J'ai envie de grandir. Grandir, c'est être fort. Et être fort, c'est tenir la boisson. Voilà l'équation qui résume tout le problème.

Au bout de quelques minutes, je me dirige vers le car de ramassage, je m'aperçois que je titube un peu. Je monte dans le car tant bien que mal, en cherchant le marchepied et en évitant de croiser le regard du chauffeur dont je sais très bien qu'il connaît ma mère. Je n'ai pas envie d'avoir des embêtements et d'entendre des reproches. Je vais vite m'affaler sur mon siège. Et je m'abandonne à un état bizarre pendant les cinq kilomètres qui séparent Châteaudun de Moléans. Le paysage défile derrière la vitre. Le brouhaha des conversations me parvient vaguement. Je suis seule dans mon petit monde. Je me dis que le chauffeur n'a rien remarqué, et je trouve ça drôle. Je songe en rigolant sous cape : « Tu l'as bien eu ! »

À peine franchie la porte de la maison, je vomis. Maman s'affole. Elle veut appeler le médecin. Je dis non...

– Je ne veux pas...

– Mais qu'est-ce que tu as ?

– C'est la gastro !

Le mensonge est là. J'essais de faire croire aux miens qu'une épidémie de gastro-entérite s'est abattue sur tout le collège. Je ne vais tout de même pas raconter à maman que j'ai bu de la bière avec des garçons entre l'heure de la sortie et le car de ramassage !

Je remarque que maman s'interroge. Doit-elle prendre mon explication pour argent comptant ? Soupçonner autre chose ? Elle voit combien je suis mal. Elle hésite. Puis elle préfère me laisser me reposer tranquillement. Je vais me coucher. Je m'endors.

J'ai bu de la bière. J'ai trompé la vigilance du chauffeur. J'ai menti à maman. Je m'endors sur ce constat. Sur ce bilan de ma journée.

Le lendemain matin, au réveil, j'ai un mal de tête atroce. J'avale plusieurs aspirines. Avec ma sœur Annabelle, qui est en troisième dans le même collège, nous allons prendre le car. Elle me demande :

– Ça va mieux, Élodie ?

Je réponds oui. Mais la vérité, c'est que je me sens encore dans un état étrange. En un sens, je sais au fond de moi que ce n'est déjà plus tout à fait la même Élodie qui se prépare à monter ce jour-là dans le car de ramassage.

*
**

Au collège, je ne compte pas parmi les élèves les plus attentifs. Comme je l'ai dit, j'ai attaqué l'année scolaire sur un mauvais pied. Je m'ennuie ferme. Les cours m'intéressent peu. Je ne m'agite pas spécialement, mais je suis une fausse calme, en fait. Une préado turbulente. J'incline à me mettre en colère quand on me fait une remarque désagréable, voire une simple remontrance. Je me montre insolente, puis agressive, y compris envers les adultes. Les professeurs n'apprécient pas cette conduite. Si bien que je me fais régulièrement renvoyer de la classe. Je vis cette « punition » avec une certaine indifférence. Aller dans le bureau du proviseur ou à la « vie scolaire » pendant que les autres continuent d'étudier, ça m'est égal. Certains jours, je ne suis pas loin du renvoi d'une semaine. Par chance, cela ne m'arrivera pas.

Une fois, le directeur convoque mes parents parce que je me suis battue. Il m'arrive de me battre. Souvent avec la même fille, dont j'estime qu'elle est favorisée par les professeurs parce que son père travaille pour le collège. Je suppose que je me donne une excuse. Je me cherche une bonne raison de la prendre en grippe. Je trouve qu'elle est trop « bien vue ». Et je n'aime pas qu'un élève soit « bien vu ». Être « bien vu », c'est rester un bébé. Inversement, être « mal vu », c'est être grand, assumer ce que l'on est en tant qu'adolescent face aux adultes qui ne comprennent rien à la vie. D'où ces bagarres auxquelles je me mêle. Cet incident-là me vaut huit heures de colle. Mais la punition ne sert à rien. Je ne me sens pas coupable.

*
**

Cette beuverie à la bière avec les deux garçons s'est déjà enracinée en moi. Le mal n'a plus qu'à se développer.

En quelques jours, je suis installée dans ma nouvelle vie ; en l'espace de trois mois, je sombre complètement ; au bout de deux semestres à peine, j'ai des tremblements et des troubles digestifs. Très vite, je commence à trouver la bière écœurante. L'envie de goûter autre chose s'impose déjà. Je décide d'essayer la vodka cerise. Puis de boire de la vodka simple. Puis du whisky. Et du pastis enfin.

Chaque fois, je pars dans une sorte d'euphorie. Mais je m'aperçois bientôt que je ne me satisfais plus des boissons fournies par mes camarades, mes seuls « amis » désormais. Il m'en faut davantage. Je dois me procurer de l'alcool par mes propres moyens. À la maison, il n'y a pas de bouteilles, ou très peu. Les boissons alcoolisées n'ont pas leur place chez nous. Comme je l'ai dit, papa a cessé de boire depuis de longues années. Il ne touche plus au poison qui lui a attiré des ennuis. Il garde le mal à distance. Il fait même partie d'une association : Vie libre. Bref, il m'est impossible de me servir dans la maison. La solution, c'est d'aller moi-même au supermarché. Donc je dois trouver de l'argent. Lorsque maman part faire des courses, il m'arrive de l'accompagner. C'est ainsi que je mets au point un petit stratagème ingénieux. Je sais qu'elle passera à un moment ou à un autre par le distributeur de billets. Au prix d'un effort d'attention comme je n'en fournis jamais à l'école, je réussis à découvrir son code de Carte bleue rien qu'en observant et en enregistrant mentalement le mouvement de ses doigts sur le clavier. L'opération exige une grande acuité visuelle. Elle ne me pose aucun problème tant je suis motivée.

Voilà comment je prends l'habitude de dérober la Carte bleue de maman. Je sais où elle la range : dans son portefeuille. Le larcin prend quelques secondes. Puis j'enfourche mon vélo. Je file au distributeur retirer de l'argent. Ou directement au supermarché où je paie mes boissons avec la carte. Au retour, je glisse furtivement la Carte bleue dans le portefeuille de maman. Elle ne se rend compte de rien. Papa non plus, d'ailleurs.

Il m'arrive aussi de leur voler de petites sommes en liquide. La chance, si je puis dire, est avec moi, car ils se trompent souvent en comptant leur argent. Ils font leurs calculs ensemble et n'arrivent jamais au même résultat. Ce qui donne lieu à une dispute. En un sens, c'est drôle comme scène. Sauf que les conséquences ne le sont pas du tout. J'arrive facilement à soustraire deux ou trois billets sans que ni l'un ni l'autre ne s'aperçoive de rien. Et il ne me reste plus qu'à partir faire mes provisions d'alcool.

Ensuite, je planque mes bouteilles en divers endroits. Au collège, je les stocke dans les toilettes des professeurs. Elles ferment mieux que celles des élèves. L'endroit est équipé d'une double porte. Et surtout d'un faux plafond auquel j'accède facilement en me hissant sur la cuvette des W-C. C'est simple comme bonjour. Il suffit de soulever la plaque et de cacher les bouteilles de bière, de whisky ou de vodka. Ma réserve est là, à ma disposition. Je peux la gérer à ma guise. Je cache aussi des bouteilles dans les ronces d'un terrain vague dans ma commune, à deux pas de chez moi. Dans un mur envahi par les arbustes également. Dans une maison en ruine. Et même au Petit-Lourdes, près de la grotte, au pied de la Sainte Vierge, car le lieu s'y prête, avec ses feuillages et ses pierres aux cavités nombreuses. Lorsque je suis à court d'argent, je profite même de cette visite pour dérober le contenu de la petite urne en forme de lanterne... Je dissimule également mes bouteilles dans la Conie, la rivière qui traverse Moléans. Je les fourre dans une bourriche que je plonge près du vieux pont au bout d'une corde. J'évite de faire des réserves dans la cour de notre maison, car mon père est souvent dehors. Tels sont mes repères géographiques. Mes balises. Il y en a un peu partout à ma disposition. Ce qui me permet de boire seule, en plus de boire avec les autres.

Je ne rencontre aucun problème pour acheter mes provisions. Au supermarché, je passe à la caisse avec mes bouteilles, je paie, je m'en vais les cacher. La caissière ne me demande aucune explication. Dans la mesure où j'ai de quoi régler mes achats, nul ne s'inquiète de rien en général. Il est très rare que quelqu'un me fasse une remarque du genre : « Tu es trop jeune pour acheter de l'alcool. » Et si un vigile me cherche des poux dans la tête, je réagis agressivement. Si bien que l'on préfère me laisser tranquille. Les gens comprennent tout de suite que je n'ai pas l'intention de me laisser faire.

Ils ont peut-être un peu peur de moi. Sûrement. Comme mes professeurs au collège – eux aussi me craignent. Je ne suis pourtant qu'une fille de douze ans. Une simple collégienne.

– 2 –

À la fin de mon année de sixième, tout se passe comme si ma vie avait enfin un but, une activité motivante, une occupation, un ami, un compagnon secret à même d'enrichir mes journées, de m'aider à fuir l'ennui et la morosité.

Mais en réalité je me précipite dans un gouffre. Avec l'arrivée des vacances, je continue de plus belle. Et si cette année a commencé avec l'alcool, elle s'achève avec le cannabis – en plus de la boisson, bien entendu. En juin, après la fin des cours, un élève de troisième m'a proposé d'y goûter. J'ai répondu « pourquoi pas ». J'étais encore et toujours dans le même état d'esprit : m'affirmer, être forte, jouer les grandes. Franchir les limites. Toucher à ce qui est mal. J'avais déjà plusieurs bières dans l'estomac le jour où la proposition m'a été faite. Le premier joint m'a retournée. Je suis rentrée chez moi malade. J'en ai fumé un deuxième le lendemain, puis un troisième. Et ainsi de suite. L'habitude était prise.

Depuis lors, l'argent que je vole à papa et maman sert aussi à me fournir en herbe. J'ai trouvé un fournisseur dans mon propre village. Ainsi, je n'ai pas à aller bien loin. Je n'ai même pas besoin de prendre mon vélo pour me procurer ce qu'il me faut. J'ai aussi la possibilité d'acheter du cannabis à la porte du collège. Rien n'est plus facile.

Les vacances arrivent. Cet été-là, papa nous emmène à Fougères, en Bretagne. Il a loué un gîte rural. Et j'arrête de boire pendant les quinze jours que nous passons là-bas. Le collège est loin. Les mauvaises fréquentations aussi. Le milieu familial exerce une bonne influence sur moi. Je rigole avec ma sœur Annabelle. Dans ce contexte de vacances paisibles et chaleureuses, je pense moins à l'alcool et j'arrive à rester sobre, même si la boisson me manque beaucoup par moments. En fait, mon délire s'offre quelques vacances aussi...

Naturellement, je me rattrape à la rentrée de septembre quand j'attaque ma cinquième. Au début, je réussis à continuer de faire un peu attention. À me retenir. À boire modérément. Je m'efforce de rester sur la bonne lancée des vacances en Bretagne. De garder un bon état d'esprit. Mais très vite je craque. Et je recommence à boire tout le temps. Avec des plus grands quand ils sont désœuvrés. Avec des copains de mon âge. Avec des copines. Seule.

Ma journée type commence à 6 heures. Je fais ma toilette. J'avale mon café en vitesse. Le car de ramassage passe à 6 h 50. Comme je le prends avec ma sœur Annabelle, il m'est impossible de fumer. Mais à la porte du collège, à 7 h 20, je vais vite me cacher avec une autre fille, et nous fumons un pétard. J'en fume rapidement un deuxième à 7 h 45. Puis je me glisse dans les toilettes des professeurs et je prends une bière dans ma réserve du faux plafond.

Ensuite, au fil des heures, je bois de la vodka mélangée à du jus d'orange. Les surveillants n'y voient que du feu. Pour eux, c'est orange, donc c'est du jus d'orange. De sorte que je peux consommer de l'alcool entre les cours ou pendant la récréation.

Je bois aussi durant la classe. J'ai dans mon sac ma bouteille de « jus d'orange » ou de « Coca » dont le bouchon est percé d'un petit trou. Par là passe une longue paille en plastique mou qui remonte sous la manche de mon sweat-shirt et ressort par le col. Dès que le prof a le dos tourné, je pompe une rasade. Quelquefois, nous sommes plusieurs à jouer à ce petit jeu de la bouteille planquée dans le sac avec la paille qui remonte sous la manche. Il y a un côté provocateur, dans ce jeu. C'est à celle qui ne se fera pas choper.

À midi, je suis à cran, énervée, agressive, mais j'arrive encore à gérer la situation, à donner le change, à paraître bien. C'est alors que sonne « l'heure de l'apéro » : la cantine. Pendant le repas, je bois de la vodka au jus d'orange. Comme toujours, les surveillants ne se rendent compte de rien. Je mange un peu – pas beaucoup. La cantine, pour moi, c'est l'occasion de boire encore plus. De m'affirmer aussi. Je remarque que beaucoup de mes camarades me respectent du fait de mon attitude avec la boisson. Parce que je tiens l'alcool. Il y a aussi ceux qui attendent de moi une protection. Ceux qui ne risquent plus rien parce qu'ils se réfugient sous mon aile. Il est vrai que personne ne songe à venir les embêter. Vu que les embêter, c'est m'embêter moi. Et nul n'ignore au collège que je n'ai pas l'habitude de me laisser faire. En fait, j'ai acquis un statut. Celui de quelqu'un qui tient la boisson et qui n'a pas peur d'envoyer un coup de boule quand il s'agit de régler un conflit. Quelqu'un qui accepte aussi de distribuer des bouteilles à l'occasion. Car souvent, des élèves me réclament de l'alcool. Leur insistance finit même par me contrarier. Alors je cède. Quand ils ont bu, ils sont ivres. Ils me fichent enfin la paix. Et je peux de nouveau dorloter ma propre envie de boire.

Il y a une grande part de défi dans ces comportements. J'y vois une façon de m'opposer au collège, à l'autorité, aux adultes. Je veux rivaliser avec les grandes personnes. Je recherche l'épreuve de force, avec au fond de la tête cette idée que le rapport de force est la seule conduite à ma disposition pour grandir, pour devenir quelqu'un de respecté. Et les faits me confortent dans cette idée.

Sauf que ce mal prend le pas sur tout le reste. Dans ma vie, il n'y a déjà plus de place pour l'étude ; je suis accaparée corps et âme par mon entreprise de destruction et de provocation. Le collège Anatole-France n'est rien d'autre que le lieu où je bois. J'y ai déployé des stratégies pour éviter de me faire prendre. J'y joue au chat et à la souris. Je ne mets plus mon intelligence et mon imagination au service de l'étude ni de l'apprentissage, mais dans l'invention de stratagèmes pour tromper les adultes.

Après la cantine, l'énergie me manque. J'ai toutes les peines du monde à tenir sur mes jambes. Parfois, je somnole, quand je ne tombe pas carrément dans un profond sommeil. Je m'endors pendant la classe, ou en cours d'éducation physique sur un tapis de gymnastique. Soit on me laisse tranquille, soit on essaie de me réveiller, de me demander des comptes. Alors je deviens agressive. Si bien qu'en général les adultes optent pour la première solution. Je suis une gosse caractérielle, point barre.

Le soir, quand je rentre chez moi, il ne se passe rien non plus. J'arrive à la maison avant maman. Je suis seule chez nous. Je bois un café pour me dégriser. Je me brosse les dents à fond et à plusieurs reprises. Je mâche du chewing-gum pour tuer la mauvaise haleine. Je prends une douche. Je m'inonde de parfum. Je remâche un chewing-gum. Quand maman rentre, tout va bien. Elle ne se rend compte de rien tellement je sens bon ! Il est vrai qu'elle est fatiguée. Elle n'a peut-être pas envie d'approfondir. D'aller fouiller derrière les apparences pour voir s'il n'y aurait pas quelque chose qui cloche. Le dîner se déroule normalement. Il n'y a pas de vin à table. On parle de notre journée.

Après le repas, on regarde la télévision. Puis j'embrasse mes parents et je vais me coucher. Avant de dormir, j'attrape la bouteille cachée sous mon lit et je bois un dernier coup...

*
**

À Châteaudun, un commerce vend de l'alcool aux jeunes ; je le fréquente comme les autres. J'ai pris également mes habitudes au café, dans une commune voisine de Moléans.

On y rencontre des filles de douze ans qui se maquillent et ressemblent quasiment à des femmes ; dans ce cas, la confusion est permise. Mais dans mon cas à moi, elle ne l'est pas. Moi, je fais mon âge. Ni plus ni moins. Pourtant, lorsque je commande un verre dans ce café, le garçon me sert. Il est vrai que je lui lâche en sortant un pourboire de cinq euros. Voire de dix euros. Pourboire : l'expression n'est-elle pas éloquente ? Le billet aide le garçon à fermer les yeux. À oublier ses scrupules et ses hésitations – s'il en a. À la fin, quand il me voit pousser la porte du café, il ne pense plus qu'à une chose : son pourboire de dix euros. Je ne suis pas une mauvaise cliente ! Je m'approche du comptoir en disant : « Un whisky Coca », et j'ai mon whisky Coca. En sortant, j'ai aussi mes deux grammes dans le sang. Le problème qui se pose alors, c'est de rentrer à la maison. Mais là encore, j'ai mes stratégies. Je m'arrange pour aller au café de bonne heure, afin d'avoir du temps devant moi. Et je repère les endroits où je peux me planquer un moment, le temps que s'estompent un peu les effets de la boisson.

Cependant l'alcool attire les conflits. C'est connu. L'alcool est un maître puissant. Il modifie vos réactions. Il vous oblige à vous lancer dans des actes auxquels vous n'auriez même pas pensé si vous étiez resté sobre. Ainsi, quelquefois, en sortant du café, au lieu de chercher un abri où attendre d'être dégrisée, je vais faire un tour à Châteaudun. Soit seule, soit avec des amis. Et là, il y a souvent des bagarres. Plusieurs bandes se croisent au hasard des rues. Chacune a son nom. Ma bande, un temps, s'appelle « les Bob », en référence à Bob Marley. Quand les Bob rencontrent une autre bande, il suffit d'un rien pour que la bagarre éclate. Et quand j'ai bu, je ne connais plus ma force. Je suis capable de faire très mal. Il y a des arcades sourcilières de cassées. Des doigts brisés. Il arrive aussi que le conflit éclate à l'intérieur même de la bande. À cause d'une simple remarque. D'un regard de travers. D'un malentendu. D'un problème d'argent. Là encore, on se bat durement. Les garçons comme les filles. Entre gosses de la même bande. Il m'est arrivé de fracasser le nez et la mâchoire d'un garçon. Ses parents n'ont jamais porté plainte.

L'alcool est-il le seul responsable de ce comportement ? Oui et non. Le problème, c'est qu'il m'est impossible de répondre à cette question. Le fait est que je suis hargneuse. J'ai tendance à me battre pour un rien. En vérité, à partir d'un certain taux d'alcoolémie, je redeviens gentille. Je plane. Je suis tout sourire. Le monde cesse de me paraître hostile. Je n'éprouve plus le besoin d'être sur la défensive. Mais tant que je n'ai pas ma dose dans le sang, je suis mauvaise, impulsive, violente. En un sens, cette violence, cette propension à la bagarre me protège à la maison. En effet, lorsqu'ils me voient rentrer avec un œil au beurre noir ou une ecchymose, mes parents se confortent dans l'idée que je suis une « bagarreuse ». Papa dit : « J'ai été jeune, je sais ce que c'est ! »

Ils voient que je sors d'une « baston », et pour eux tous mes ennuis viennent de mon caractère. Je m'emporte facilement. Je sors mes griffes plus souvent qu'à mon tour. Je suis comme ça. C'est mon tempérament. Le côté « bagarreuse » leur cache le problème d'alcool. Peut-être se servent-ils de ce paravent pour éviter de regarder la vérité en face. Pour se rassurer. Je ne sais pas.

En même temps, je suis tellement douée pour la dissimulation ! Dissimuler est quasiment devenu un métier pour moi. Une activité à plein-temps. Une identité. Mon identité. J'ai des bouteilles cachées un peu partout, aux quatre coins du village. Au collège comme à la maison, je suis considérée comme une fille impulsive. Tout le monde m'a cataloguée ainsi. Et tout le monde se satisfait de ce jugement rassurant.

– 3 –

Je bois tellement que j'en arrive à ne plus me souvenir de mon comportement de la veille. Lequel est loin d'être glorieux. Mes copines, au collège, m'apprennent que j'ai été convoquée dans le bureau de la CPE, la conseillère principale d'éducation. « Ah, bon ? » Je tombe des nues. J'ai oublié ! Ce n'est pas la première fois. L'autre jour, j'ai appris de la bouche de mes camarades que j'avais défoncé à coups de pied la porte de la salle d'anglais. « La salle d'anglais ? Je ne fais pas anglais ! Je fais allemand... » On m'a expliqué qu'un surveillant m'avait infligé une heure de colle pour telle ou telle broutille ; n'ayant pas supporté, je me suis jetée sur la première porte qui s'est présentée, et je l'ai attaquée à coups de semelle, jusqu'à faire un grand trou dedans... On me raconte aussi que j'ai frappé un élève quelques jours auparavant. Je suis étonnée de l'apprendre. Je ne m'en souviens plus du tout. J'ai bien remarqué que l'élève en question m'évite depuis quelque temps, mais j'ignorais pourquoi. Maintenant je comprends. Je l'ai brutalisé et il a eu peur. L'incident s'est effacé de ma mémoire.

J'en arrive à un point où je pourrais même frapper un adulte, comme le jour où la professeure d'éducation physique et sportive m'a reproché de m'être endormie sur un tapis pendant son cours. « Qu'est-ce que tu as, Élodie ? » Je l'ai insultée et menacée avec une telle violence qu'elle a préféré ne pas insister.

La fin de l'année scolaire approche. L'établissement sera bientôt débarrassé de ma personne. Nous savons, les enseignants et moi, que je ne suivrai pas ma quatrième à Anatole-France. Mes résultats sont trop mauvais, mes écarts de conduite trop nombreux, trop graves aussi. De mon côté, je n'ai qu'une idée en tête, me venger des professeurs qui m'ont si souvent renvoyée de la classe tout au long de cette pénible année scolaire.

Mais une élève de cinquième défonce-t-elle une porte sans raison ? Est-il normal de frapper ses camarades ? Est-ce qu'une collégienne qui réagit aussi violemment n'a pas un problème ? Est-ce que ce problème ne doit pas être pris en compte ? Analysé ? Avec autorité et bienveillance ?...

D'autant que mon attitude et ma présentation ne sont pas seules en cause. Mon corps lui-même commence à crier : « Stop ! » Je suis non seulement fagotée n'importe comment, chaussée de mes vieilles baskets aux lacets défaits, mais je tremble et j'ai des troubles digestifs – des signes qui ne trompent pas. Quand la souffrance est trop forte, je vais frapper à la porte de l'infirmerie. Je raconte à l'infirmière que j'ai « la gastro ». Le même mensonge que j'avais servi à ma mère autrefois et qui avait si bien fonctionné. Sauf que désormais j'empeste l'alcool. De sorte que l'infirmière n'est pas dupe. Mais elle sait, comme tout le monde, que je ne suis pas une élève commode. Et l'ivresse risque de ne rien arranger. Avec moi, on peut redouter le pire... Aussi feint-elle de gober mon histoire de gastro.

Le jour même, je quitte le collège en titubant, en me cognant aux barrières. Les professeurs et les surveillants voient cela. Ils se rendent compte que je ne monte pas dans le car de ramassage. Personne n'intervient. « C'est ton problème », tel est le message qui semble m'être adressé. Personne ne me dit : « Élodie, tu as un problème. » Si la société avait eu les yeux ouverts, c'est ce qui serait arrivé. Quelqu'un m'aurait dit en me regardant droit dans les yeux, sans s'effrayer d'avance de ma réaction éventuelle : « Élodie, tu as un problème. » Mais la société préfère fermer les yeux et se taire. Si bien que je me retrouve seule avec mes beuveries, mes dissimulations et mes douleurs.

Il est arrivé pourtant qu'un adulte rassemble son courage et décide d'intervenir. Un après-midi, alors que je me prépare à quitter le collège en titubant, la CPE cherche à me retenir. « Élodie ! Attends un peu... » C'est un début... J'ai bu énormément à la cantine. Histoire d'arroser mon prochain départ, sans doute. Je suis très alcoolisée. Sans parler des cigarettes de cannabis que j'ai fumées dans les toilettes.

« Tu ne peux pas t'en aller comme ça, Élodie ! » Elle a un geste que j'interprète mal. Je la repousse très durement. Et je pars, en dépit de son interdiction. Je ne monte pas dans le car de ramassage. Je préfère rentrer à Moléans à pied, alors que mes jambes me portent à peine. Je préfère tituber sur la route pendant cinq kilomètres.

Plusieurs années après, la CPE m'avouera qu'avec la directrice elles se sont fait beaucoup de souci à mon sujet durant cette période si terrible pour tout le monde. En fait, elles étaient désemparées. Elles avaient tellement peur de moi ! Je leur apparaissais comme une ado qui sortait de l'ordinaire ; elles savaient que j'étais capable de renverser un bureau lorsque la fureur s'emparait de moi.

En route, ce jour-là, après notre échange – disons vigoureux –, je vomis tout ce que j'ai dans le ventre. Ça n'en finit plus. J'ai l'impression d'entendre mon organisme crier : « Assez ! Assez ! » Mon corps tout entier hurle au désespoir. Pour lui, la coupe est pleine. Alors il rend tout ce que je lui ai fait subir. Il me fait vomir tripes et boyaux au bord du chemin. Il m'envoie un message on ne peut plus clair. Ce même message que la CPE a essayé de m'adresser quelques minutes plus tôt.

Comment fais-je pour retrouver le chemin de Moléans ? Et celui de notre maison ? Comment fais-je pour retrouver la clef ? Pour me préparer du café avec mes mains tremblantes ? Pour effacer les traces de mes beuveries et de mes bagarres ? Comment est-ce que je me débrouille pour avoir une figure présentable lorsque ma mère rentre du travail ? Je me le demande encore. Mais le fait est que le soir, à l'heure du dîner et des retrouvailles familiales, les dégâts sont nettoyés, effacés. Je me soucie de mon corps, de mon haleine, de ma tenue vestimentaire et de mes égratignures. Je suis pomponnée. Je redeviens presque une jeune fille normale. Je retombe sur mes pieds.

Ainsi papa et maman continuent d'ignorer que j'ai basculé dans la boisson. Papa est accaparé par ses chantiers. Maman concentre ses inquiétudes sur mes difficultés scolaires – mes notes, ma mauvaise conduite. J'ai falsifié mon carnet scolaire, ce qui a beaucoup nourri sa colère.

J'ai maintenant l'impression d'avoir deux vies. Une vie auprès d'eux et une vie solitaire. Même lorsque je suis avec eux, je m'enferme. Je suis enfouie dans mes pensées, dans mes stratégies pour acheter de l'alcool, planquer les bouteilles, récupérer telle somme que j'ai prêtée à un camarade et qui ne m'a pas été rendue. Les questions d'argent me préoccupent terriblement. Je n'aime pas que l'argent ne revienne pas. Cela me rend folle. Alors j'y pense. J'y pense sans cesse. Tout en parlant d'autre chose avec papa et maman ou avec ma sœur Annabelle. Je suis là sans être là. Et c'est angoissant, épuisant.

Maman m'adresse la parole alors que nous regardons la télévision. Je ne réponds rien. Elle s'imagine que c'est parce que je me concentre sur le programme ou sur le film. Pas du tout ! Si je ne réponds pas, c'est parce que je suis absente. Physiquement, je me trouve bien dans le salon, sur ce canapé, près de la cheminée, dans notre atmosphère familiale. Mais psychiquement, je suis emportée par le cours d'une existence qui leur est complètement étrangère, qu'ils ne soupçonnent même pas, et qui en fait accapare toutes mes idées, toute ma vie émotionnelle, toute mon intelligence. Je suis ailleurs tout en étant en leur compagnie. C'est extrêmement complexe et douloureux à vivre. Je suis devenue un passager clandestin dans ma propre maison. Et mon malaise est si grand, si oppressant que je ressens par moments un besoin très fort de me rattacher à eux – papa, maman, mes sœurs, Hugo notre chat, tout cet univers auquel je tiens tant.

D'où ces pulsions qui s'emparent de moi de temps à autre. Je me jette sur eux pour leur faire des bisous, pour les couvrir de marques d'affection. Je vois qu'ils ne comprennent pas mon attitude. Ils sont surpris. J'agis ainsi parce que j'ai peur. Je sens confusément, au fond de moi, que je suis en train de ronger ce lien qui m'attache aux miens. Et je fais des tentatives désespérées, maladroites, pathétiques pour essayer de renforcer notre relation, pour leur montrer que je les aime et les respecte. Quand j'y réfléchis, rien ne me semble plus affreux, plus angoissant que cette perspective de ne plus avoir mes parents auprès de moi. Ce serait comme être morte. Je me demande alors si un gouffre n'est pas en train de se creuser entre nous. Un gouffre que rien ne viendrait plus combler. Vite, je chasse ces atroces pensées de mon esprit, ou j'attends anxieusement de pouvoir les noyer dans la boisson.

Autour de papa et maman, pourtant, on commence peut-être à se douter de quelque chose. Mais personne ne se décide à intervenir. Un après-midi, un barbecue est organisé à la salle des fêtes par l'association Vie libre, ce mouvement dont beaucoup de membres sont des proches de notre famille, des gens chaleureux qui m'ont vue grandir. Ce jour-là, Patrick Pardessus, le responsable régional de l'association, me surprend alors que je fume du cannabis à l'écart des grillades. Je n'ai pas le temps de cacher mon joint. Il ne dit rien. Je ne dis rien non plus. L'incident n'a aucun effet sur moi. Je n'éprouve pas encore l'envie d'être aidée.

En fait, je commence à m'enterrer moi-même. Je travaille à mon malheur avec une énergie décuplée.

– 4 –

Maman s'est démenée pour essayer de me trouver une école et elle a fini par s'orienter vers la Maison familiale de Beaumont-les-Autels, près de Chartres, qui forme aux métiers de l'agriculture. L'établissement a une quatrième technologique et prépare un bac professionnel. Il compte environ quatre-vingts élèves, ce qui est peu, et accueille des pensionnaires.

Je ne suis pas spécialement emballée par la perspective de me retrouver interne. J'ai encore besoin de mon entourage familial. En un sens, j'en ai même plus que jamais besoin. D'un autre côté, il est impératif de trouver une solution.

Le directeur de la Maison familiale nous reçoit, maman et moi. Il ouvre mon livret scolaire pour constater qu'il n'est pas fameux. Mon dossier mentionne des problèmes de comportement, des conflits avec les enseignants, avec l'autorité en général. Je suis clairement une élève qui a besoin d'être « cadrée ». Mais la chance semble vouloir nous sourire. Ce directeur connaît un membre de notre famille, du côté de mon père. Il consent à m'admettre en quatrième si je promets de mon côté de faire un effort. Nous discutons un moment encore. Il espère que je vais me mettre au travail, et surtout perdre la mauvaise habitude de régler mes conflits de façon agressive. Je donne mon accord sur ce point aussi.

La rentrée arrive très vite, au terme d'un été qui n'a apporté aucun changement dans ma conduite vis-à-vis de la boisson et du cannabis. Nous préparons ma valise. Mes parents m'accompagnent à Beaumont. En montant en voiture, je réalise que je vais devoir me débrouiller toute seule pour la première fois de mon existence. Je suis anxieuse. En même temps, je suis déjà en train de me demander comment je vais m'y prendre pour me procurer à boire.

Depuis ma rentrée en sixième, depuis ces bières partagées avec les deux garçons à la sortie du collège, je me suis créé une carte de géographie personnelle, un espace qui s'étend de Châteaudun à Moléans, où j'ai mes circuits, où je retrouve mes repères : les commerces où acheter de l'alcool, le café où je suis connue, les supermarchés, sans parler de mon fournisseur de cannabis, et de toutes les planques où se cachent mes bouteilles de vodka et de whisky – le terrain vague, la grotte de la Vierge, la rivière. Je vais très bientôt devoir me réorganiser complètement. Repérer des endroits où me fournir. Créer des planques. Déjouer la surveillance des adultes. L'entreprise ne risque-t-elle pas d'être plus difficile en internat ? Les surveillants sont-ils sévères ou conciliants ? Intelligents ou faciles à berner ?

Au lieu d'obéir à la raison et à mes sentiments profonds, je courbe la tête devant l'alcool ; je me laisse gouverner par lui.

*
**

La Maison familiale se révèle un endroit agréable. On y trouve un encadrement ouvert et une pédagogie qui poussent les élèves à s'impliquer dans la gestion de la vie quotidienne.

La première semaine de l'année scolaire est consacrée à la socialisation, à la découverte du groupe et de soi-même. Elle se déroule à bord de péniches qui naviguent sur la Loire. Nous sommes répartis sur les bateaux par petits groupes, sans être livrés à nous-mêmes puisque les moniteurs nous surveillent de leur propre embarcation, mais en jouissant d'une grande autonomie durant la journée qui se passe sur l'eau. Il faut distribuer les tâches entre nous, prendre des responsabilités, nous habituer à d'autres relations et à d'autres règles que celles impliquées par la présence permanente d'un adulte. Si nous voulons que l'ordre règne, nous devons le créer nous-mêmes. C'est la seule solution pour que la vie soit possible. Nous sommes tenus de fournir des efforts pour empêcher les choses de dégénérer. Pour apprendre aussi. À naviguer, par exemple. À nous familiariser avec la nature et l'environnement. À faire de la photo. À rédiger des notes qui forment la matière première de nos futurs rapports de stage.

L'épreuve, dans l'absolu, ne manque pas d'intérêt. Mais je ne suis pas prête à l'affronter. Mon problème surgit aussitôt du fait que je ne peux pas boire à bord. J'y arrive un peu, en fait. Le matin et le soir. En cachette, bien entendu. J'essaie de prendre des doses importantes afin de pouvoir tenir le plus longtemps possible. Mais ce n'est pas suffisant. Résultat, je suis très énervée. Je ressens les symptômes du manque. Mes mains tremblent beaucoup. Physiquement, je suis souvent très mal. Et le seul moyen d'échapper à cette souffrance, c'est la boisson.

Lors d'une escale, je me bats avec Cindy, une fille de mon groupe avec qui j'ai des relations en dents de scie. Tantôt nous nous entendons bien, tantôt elle me cherche des noises. Et je n'aime pas que l'on me cherche des noises. Je déteste ça. Surtout lorsque j'ai besoin d'un verre. Pendant cette escale, je m'emporte contre Cindy et je lui donne un coup dans la figure. Un moniteur accourt pour essayer de nous séparer et, dans la mêlée qui s'ensuit, je lui fais mal au ventre à lui aussi, en me débattant.

C'est ma première semaine à la Maison familiale. Cet établissement nouveau supposé marquer une rupture dans ma vie. Une escale... J'écope d'une punition à effectuer en soirée. Deux cents lignes à copier. Je m'y mets tout de suite. Mais au bout d'un moment un autre moniteur vient me voir et me lance :

– Punition relevée !

Peut-être se sont-ils concertés. Peut-être l'équipe éducative a-t-elle décidé de ne pas se montrer trop sévère avec moi dès le début, de me laisser le temps de m'habituer, de trouver mes marques. En tout cas, je continue de copier mes lignes sans tenir compte de ce qu'on m'annonce.

– J'ai dit : punition relevée ! répète le moniteur.

Et moi de répliquer :

– J'ai une punition, je la fais !

Pourquoi est-ce qu'on ne me fiche pas la paix ? Un autre moniteur s'en mêle. Je m'énerve de nouveau. Je suis une fille obstinée. Une vraie tête de mule ! J'ai hérité ça de mon père, je pense. Quand je décide quelque chose, je ne change pas d'avis. Or, ce soir-là, tout ce que je veux, c'est copier mes lignes. Effectuer ma punition. Les moniteurs finissent par comprendre qu'il vaut mieux ne pas me détourner de mon idée. Après tout, si je veux copier mes lignes... C'est toujours mieux que de déclencher un nouveau conflit, voire une nouvelle bagarre.

Tout cela, évidemment, augure assez mal de mon avenir à la Maison familiale de Beaumont-les-Autels.

*
**

À la Maison familiale, la pédagogie repose sur une alternance école/entreprise. Nous enchaînons les périodes de stage et les périodes de cours.

Je n'ai pas le sentiment d'accomplir de grands progrès intellectuels, mais je me découvre une passion pour Louis XIV, le Roi Soleil. Lorsque j'ai bu, il m'apparaît, je partage de longues discussions avec lui. Il nous arrive de nous battre, je le vois à la télé qui présente les infos et quelquefois je le retrouve même dans mon lit. Il me semble qu'il est toujours à mes côtés, comme une sorte d'ange gardien en perruque sorti des pages de mon livre d'histoire pour m'apparaître en cavalier, ou revêtu du lourd manteau d'hermine brodé de grandes fleurs de lys dorées. Il m'entretient de toutes sortes de choses. Je ne comprends pas toujours ce qu'il me dit. Parfois, même, on se dispute. Avant de se réconcilier. C'est mon ami. Un ami imaginaire, comme en ont souvent les enfants. Une source de réconfort. Voilà pour ce qui concerne la partie « scolaire » de mes études.

Il y a aussi les stages. Pour ma première affectation, je suis placée chez un horticulteur à Marboué, un village situé sur le Loir, à six kilomètres de ma propre commune de Moléans. Je suis satisfaite de ce choix de l'équipe éducative, qui me permet de me rapprocher de chez moi – ma commune, mes parents, mon village, mon univers familier. En effet, pendant mon stage, je déjeune, dîne et dors à la maison. Tout en étant sous la responsabilité de l'école, évidemment. D'un côté, c'est plus confortable que la vie en internat. Mais d'un autre côté, la tentation est grande de renouer avec mes habitudes de l'année précédente – le supermarché, mes planques, mon voisin et fournisseur de cannabis.

La première semaine se passe bien. La compagnie des plantes et des fleurs ne me déplaît pas. Le travail non plus. Je bois un minimum, en dehors de mes heures de présence chez l'horticulteur. Mais tout se dégrade dès le lundi matin de la deuxième semaine, lorsque je me présente à mon stage avec dix minutes de retard. Une employée m'en fait la remarque. Je l'envoie promener en lui criant : « Et alors ? » L'incident a beau être minime, il sert de déclencheur. Je commence à boire dans la journée, pendant mon stage. Je ne sais pas si les employés s'en rendent compte et ferment les yeux, mais le fait est que je m'isole souvent dans un coin de la serre pour descendre de l'alcool. Dans le même temps, je me fais remarquer sans cesse en accumulant les bêtises. Je bâcle mon travail. Je désherbe n'importe comment. Ou je reste délibérément assise dans un coin, à ne rien faire, avec mes outils qui traînent par terre. Je fume dans les toilettes. J'arrive mal habillée et en retard, jusqu'à une demi-heure parfois. Ou je pars avant la fin de la journée, en envoyant balader la personne qui m'en fait l'observation. Je ne dis plus bonjour ni au revoir. Je parle mal aux employés. Je suis à deux doigts de l'insulte. Je me montre nerveuse, agressive. Ou bien je règle le chauffage de la serre à fond. Je le monte jusqu'à cinquante degrés ! Aussitôt les soupçons pèsent sur moi. On m'interroge. Je réplique : « Ce n'est pas moi ! » Et je refuse d'en démordre. Je nie. Je suis butée. Pas question d'admettre l'évidence.

Ce n'est pas que le stage me déplaît. J'aime m'occuper des pousses encore jeunes pour qu'elles deviennent fortes. Fleurs et plantes représentent à mes yeux un environnement formateur, enrichissant, voire apaisant. J'ai compris très vite combien la fleur est un être intelligent, capable de se refermer le soir et de s'ouvrir le matin, de se reproduire elle-même, de renaître toujours, d'offrir au regard des instants de beauté. Je m'aperçois que j'aime les fleurs en elles-mêmes depuis que je suis toute petite, sans que personne, dans mon entourage, m'ait spécialement initiée. Tout se passe comme si j'avais depuis toujours avec elles une relation innée, naturelle.

Si je n'avais pas ce problème d'alcool, j'aurais pu continuer le jardinage, en faire mon métier. C'est un domaine où j'acquiers rapidement des connaissances. Lorsque je suis en forme, j'écoute les explications sans rechigner. Mais je n'arrive pas à maîtriser cette pulsion terrible que je ne connais que trop bien qui me pousse à chercher les ennuis comme s'il y allait de ma vie. Je trouve amusant de déclencher un drame. Cela me rappelle le collège Anatole-France, quand je prenais un malin plaisir à refuser de sortir mes affaires de mon sac ou à lancer une boule de papier sur une camarade pendant que le professeur avait le dos tourné.

Sauf que les bêtises deviennent plus graves. De même que s'aggrave mon état. Le propriétaire de la serre finit par menacer de me renvoyer. J'essaie de me ressaisir. Mais il y a eu cette dame qui m'a fait une remarque désagréable. Depuis, je l'ai prise en grippe. Elle me promet désormais des gifles pour m'apprendre la politesse. « Essaie ! Tu vas voir ! », je lui réponds. Nous nous bousculons un peu. Sans nous battre vraiment. Au bout de seize semaines, je me fais virer.

Je rentre à Beaumont-les-Autels sur un échec. Certes, les éducateurs essaient de m'encourager. On me dit : « Ça se passera mieux la prochaine fois. » On me conseille de me reprendre, de faire l'effort de me maîtriser. Car pour eux, mes problèmes viennent essentiellement de ma propension à l'agressivité. Je rue dans les brancards, j'ai du mal à respecter les règles et les conventions. Je cède trop facilement à la violence. D'où mes difficultés pour m'adapter au monde du travail. Des discussions ont lieu. Mais je commence à pressentir que mon existence a pris une vilaine tournure.

– 5 –

C'est dans ce contexte que je subis une agression, après laquelle le désastre empire encore.

Il y a dans ma commune un homme que les gens surnomment « le Rouge-Gorge » car il a la figure cramoisie – une grosse figure pourpre surmontée de cheveux roux tirant sur le gris, percée d'un regard terriblement noir. Moi, je l'appelle « le Bûcheron ». Il appartient à une sorte de clan composé d'innombrables frères. Certains des frères ont quitté Moléans pour aller faire leur vie à Paris ou ailleurs, mais d'autres sont restés, comme lui, pour travailler le bois. Les coupes, les livraisons. Certains de ces frères se vantent de dormir avec leur tronçonneuse qu'ils appellent leur « fiancée » ! On raconte au village que cette famille a connu deux suicides par pendaison : l'un des frères, et le père lui-même. Tous deux se sont donné la mort après avoir importuné une jeune fille.

Ils habitent à quelques dizaines de mètres de notre maison. Ils livrent le bois. Il leur arrive même de livrer chez nous, car nous avons une cheminée dans la salle à manger. Je connais le Bûcheron comme voisin ; je sais qu'il a un problème d'alcool. Je ne lui ai jamais parlé.

Un week-end que je n'ai pas bu, je sors de chez moi en survêtement pour aller faire du sport. J'ai le souci de conserver une certaine forme physique, en dépit de mes excès. J'aime l'exercice, de toute façon. C'est un bon exutoire à mon agressivité. Ce jour-là, je prends mon vélo et dévale la rampe devant chez moi. J'ouvre puis referme le portail. J'emprunte la rue sur une trentaine de mètres. Le Bûcheron est devant chez lui. Me voyant approcher, il se met en travers de ma route. Il m'empoigne, m'arrache de mon vélo. Il empeste l'alcool. Il expédie le vélo contre le mur longeant le sentier qui mène à l'intérieur de sa propriété. Il me traîne sur ce même sentier, jusqu'à la cour de sa maison qui est invisible de la rue. Je tente de me débattre, mais le Bûcheron est très fort.

Je préfère ne pas décrire ici ce qui se passe ensuite dans la cour. D'ailleurs, à la minute même, je ne comprends pas les tenants et les aboutissants de l'agression. Je suis emportée dans un tourbillon méchant, violent, intrusif. Je précise qu'il n'y a pas eu viol. Mais des attouchements. Et des gestes brutaux qui me laissent avec de cruelles douleurs dans les côtes. Je réussis à lui échapper et à m'enfuir. Je reviens à l'endroit où gît mon vélo. Je le ramasse en jetant derrière moi des regards fébriles. Le Bûcheron ne m'a pas poursuivie. Je pédale jusqu'à notre maison. Je pleure des larmes nerveuses. Des larmes de peur. De douleur aussi. Mon cœur cogne dans ma poitrine, sous mes vêtements débraillés. Je suis vivante. Alors que j'ai cru mourir quand le Bûcheron s'est acharné sur moi. Mais une nouvelle vague d'effroi s'empare déjà de mon corps et de mes pensées. Comment ce voisin a-t-il osé se conduire d'une telle façon ? Il connaît mon père ! Il sait qu'il n'est pas commode. Papa a beau être connu pour sa générosité et son sens de l'amitié, il peut aussi avoir des réactions impulsives. Surtout quand on s'en prend à sa famille, à ses enfants, à ce qu'il a de plus sacré au monde... Le Bûcheron sait tout cela. Pourtant il m'a traînée dans sa cour et agressée.

Je remonte chez moi. Je m'enferme dans la maison. Je me précipite dans la salle de bains. Je prends une douche. Je lave mes habits à la main. En frottant et en frottant encore, comme pour effacer toute la saleté de l'incident. Puis je tache moi-même mon survêtement avec de la graisse noire. J'ai décidé de ne rien dire à mes parents de ce qui s'est passé. Je suis résolue à leur faire croire que la chaîne de mon vélo a déraillé et que je me suis salie en essayant de la réparer. J'ai trop peur de la réaction de papa si je dis la vérité !

Mais en dépit de mes efforts, ils soupçonnent quelque chose.

– Qu'est-ce qu'il y a, Élodie ? répète mon père.

– Rien !

– Si, il y a quelque chose !

– C'est mon dérailleur.

Je finis par courir me réfugier dans ma chambre. En compagnie de mes posters de foot et de mes cinquante peluches – mes nounours et ma famille de vieux doudous inséparables. Dans ma solitude, en fait. Je suis accablée de tristesse. Je mets la musique à fond.

Un peu plus tard, je retourne voir mon père. Il est au sous-sol, parmi ses outils. J'essaie de lui parler. Je vois qu'il est prêt à m'écouter. Qu'il semble disponible. Je commence à lui dire que mon vélo n'a pas déraillé. Que j'ai inventé une histoire. Qu'il s'est passé quelque chose en fait. Tandis que je m'exprime, j'ai l'impression de voir la colère gonfler en lui, alors même qu'il n'a encore rien entendu. Et soudain, alors que je suis sur le point de tout lui révéler, de lui apprendre enfin la vérité, il me coupe la parole. Oh ! sans le vouloir. Ce n'est pas qu'il refuse d'écouter ce que j'ai à lui raconter. Mais cette réaction est plus forte que lui. C'est son genre. Son caractère. Il faut qu'il m'interrompe. Il ne peut s'en empêcher. Résultat, tout s'arrête. Tout est fini. Je ne veux plus rien dire. Plus parler. Je suis butée à nouveau. Enfermée en moi-même. Dans mon mutisme. Dans mon silence têtu. Dans mon secret. Dans ma tristesse et mon chagrin. Dans ma colère aussi. Puisqu'on me coupe la parole, je ne dirai plus rien !

Au lendemain de cette expérience, je regagne la Maison familiale de Beaumont-les-Autels, non pour me mettre enfin à mes études, mais pour y poursuivre mon entreprise de destruction de moi-même. Et ma vie, avec ce secret enfermé en elle, devient de plus en plus chaotique, de plus en plus violente.

– 6 –

L'agression dont j'ai été victime occupe à chaque instant toutes mes pensées. Du fait que je refuse d'en parler à quiconque, sans doute. En tout cas, je travaille toujours aussi mal, je ne mange plus, je ne dors pas. Et quand je rentre le week-end à Moléans, j'entends dire que le Bûcheron se vante à droite à gauche d'avoir importuné une jeune fille ! Cette jeune fille, c'est moi. Moi qui désire tellement être puissante et respectée ! Je me sens vulnérable, salie, méprisée. Et c'est l'hiver. La campagne est grise et boueuse. La vie, sordide, monotone. Je bois sans arriver à trouver jamais l'oubli. Sans me libérer de ma peine et de mes soucis. De mon amertume. De ma colère. Et de mes symptômes de manque – mes tremblements, mes troubles digestifs.

C'est alors qu'un camarade de l'internat me fait découvrir une façon de « boire » : il m'apprend qu'il est possible de se faire des injections d'alcool. Il me propose d'essayer. Il me montre comment serrer le garrot, me piquer...

– Tu verras, ça passe tout de suite dans le sang.

Ce camarade a su taper juste. Je suis harponnée. L'effet est tellement rapide ! Les effets du manque, ces symptômes si insupportables, se dissipent presque tout de suite. Plus besoin de s'impatienter, de trépigner, de s'énerver !

Je connais un autre garçon dont le père tient une pharmacie à Châteaudun. Je sais qu'il a déjà dérobé des seringues dans l'arrière-boutique. Ce larcin est pour lui un jeu d'enfants. Il ne doute pas de trouver à qui revendre ses seringues sans problème. Il suffit d'aller à la porte du lycée : les clients sont là, ils n'attendent que sa venue. Je prends contact avec lui. Il accepte de me vendre des seringues.

Dans ma lancée, je me procure également des mignonnettes de whisky et de vodka. L'idée est d'en percer le bouchon afin d'y introduire l'aiguille pour aspirer l'alcool – ce qui me fait songer au temps du collège, quand je perçais le bouchon d'une bouteille de jus d'orange pour y planter une paille... Comme le collège semble loin ! Et il n'est plus question de paille maintenant. Je me pique dans le bras. D'abord à petites doses, puis en augmentant les quantités. J'arrive très rapidement à quatre injections par jour de whisky, de pastis ou de vodka. Dans le même temps, j'en suis à quatre ou cinq joints de cannabis – des gros, pas de fines cigarettes.

À Beaumont, cette pratique de l'injection et mon addiction au cannabis m'ont permis de m'intégrer à un groupe de « grands » qui préparent leur bac pro. Je suis pour eux quelqu'un de fort, de respectable.

Quelqu'un qui tient l'alcool. Qui fume de l'herbe. Quelqu'un qui est en permanence en état d'ivresse et qui arrive pourtant à donner le change, à discuter, à poursuivre des activités, à assister à des cours. À se battre aussi. À proposer des idées de bêtises. Pour les épater, je m'écrase parfois mon mégot de cigarette sur le bras. L'alcool rend la douleur supportable. J'en ai aujourd'hui encore des cicatrices sur la peau...

Je ne suis pas du tout la fille dont on peut faire ce qu'on veut. La fille obéissante et soumise à qui il suffit de demander. Je sais dominer et me dominer aussi bien qu'eux. Nous nous retrouvons pour nous piquer ensemble, avec la même seringue bien souvent. Naturellement, nous connaissons les risques ! Nous ne sommes pas idiots. Nous ne pouvons ignorer ce que signifie partager une seringue, en termes d'hygiène. Nous avons entendu parler du sida. Mais dans ces moments-là, quand nous nous retrouvons à quelques-uns en dehors des dortoirs pour jouer avec la mort, nous restons sourds aux appels de la raison. Nous prenons même un malin plaisir à dresser une barrière infranchissable entre notre petit rituel clandestin et les principes de santé venus du monde adulte.

Il s'agit d'une période au cours de laquelle je prends toutes sortes de risques dans tous les domaines.

*
**

Un nouveau stage m'est proposé en horticulture, dans une entreprise qui se trouve non loin de chez moi. Les moniteurs jugent le projet intéressant. Ils savent que j'attache de l'importance au fait de me rapprocher de Moléans ; ils n'ignorent pas que je préfère dormir dans ma famille plutôt qu'en dortoir à l'internat. A priori, je devrais réserver un bon accueil à la proposition. Seulement il y a un problème : l'entreprise en question est précisément celle qui emploie le Bûcheron. Je dis non.

– Et pourquoi, Élodie ? veut savoir le moniteur.

M. Marc est quelqu'un que j'apprécie pour sa gentillesse et parce qu'il est proche des pensionnaires. Je sais qu'il remue ciel et terre pour trouver une solution après l'échec de mon premier stage à Marboué. Cette conversation improvisée se déroule à l'accueil.

– Vous voulez vraiment savoir pourquoi, monsieur Marc ?

– J'aimerais bien.

Tandis que nous discutons, il feuillette son journal. Sans réfléchir, je lui déballe toute l'affaire du Bûcheron ! Il fallait que ça sorte un jour ou l'autre, j'imagine. Je lui explique comment le Bûcheron m'a agressée à deux pas de chez moi, un week-end que j'étais partie avec mon vélo pour aller faire du sport. Je lui décris la scène – le vélo jeté contre le mur, les attouchements, les coups, les côtes meurtries... Et je conclus en précisant que je n'ai rien voulu dire à personne, après avoir essayé en vain d'en parler à mon père. Marc ne feuillette plus son journal. Il me dévisage avec une expression atterrée.

– Tu as gardé ça pour toi, Élodie ? Vraiment ?

– Vous êtes la première personne à qui j'en parle.

Encore sous le choc, il reprend :

– Je vais être obligé de prévenir le directeur.

– Faites, monsieur Marc.

Je lâche cette phrase sans même m'en rendre compte, comme un appel à l'aide désespéré, j'imagine.

J'ai le jour même un entretien avec le directeur. Je demande que rien ne soit dit à mes parents. Je tiens encore à ce qu'ils restent en dehors de tout ça.

Le directeur et Marc trouvent un autre horticulteur chez qui me placer, et dont l'entreprise se situe aussi non loin de Moléans. Quelques jours plus tard, ils viennent me chercher à la maison et nous partons tous les trois à la mairie de la commune. Leur idée est de tout expliquer au maire, Michel Branchet, qui me connaît depuis que je suis enfant. Mais le maire est absent. Nous nous rendons à son domicile. Il n'y est pas non plus. Le directeur et Marc me ramènent chez moi. Entre-temps, maman est rentrée. Elle est étonnée de me trouver en compagnie du directeur de mon école et d'un moniteur. Affolée, elle répète :

– Il est arrivé quelque chose ?

– Je vais t'expliquer, maman.

Et je lui dis tout. Elle m'écoute. Elle me croit aussitôt. Elle ne met pas ma parole en doute. Mais l'agression remonte à plusieurs mois, et elle est effarée de découvrir que je n'en ai pas parlé jusqu'à aujourd'hui. Elle dit d'une voix épouvantée :

– Quand ton père va apprendre ça !

– Il ne faut rien lui dire ! Je ne veux pas !

Je m'obstine, tout en sachant très bien au fond de moi que la machine est lancée, à présent. Rien ne pourra plus l'arrêter. Je repense à ma tentative infructueuse de parler avec papa, ce fameux jour où il m'a coupé la parole. J'imagine aussi les dégâts qui risquent de s'ensuivre quand il connaîtra la vérité...

Je raconte aussi toute l'histoire à mes sœurs Sonia et Annabelle.

Lorsque papa rentre de déplacement, personne n'ose rien lui dire. Le week-end se déroule dans une ambiance plombée. Papa se doute-t-il de quelque chose ? Nous sommes trois à tout savoir, et lui n'est au courant de rien. Pour nous, c'est peut-être mieux ainsi. Nous redoutons tellement de le voir se précipiter dehors, en furie, courir chez le Bûcheron, se battre avec lui et ses frères... Des fantasmes de massacre à la tronçonneuse traversent mes pensées !

Mon nouveau stage en horticulture commence cette semaine-là. Marc a informé M. Crespin, le maître de stage, que j'ai subi un traumatisme et qu'il ne doit pas s'inquiéter si j'ai de la peine à me montrer attentive, à me concentrer sur mon travail. M. Crespin décide tout de suite de me faire confiance. Il veut que je me sente bien chez lui. Ce qui me met à l'aise.

Cette même semaine, le maire de la commune, Michel Branchet, est informé de la situation par le directeur de la Maison familiale. Il va jouer un rôle considérable dans la suite des événements. S'il compte aujourd'hui parmi mes proches, c'est à cause de la façon dont il a su aborder cette affaire – en m'accordant sa confiance. Ayant appris de la bouche du directeur ce qui m'est arrivé, il va voir le Bûcheron. J'ignore ce qui s'est dit exactement lors de cet entretien, mais je ne doute pas que M. Branchet ait su trouver les mots qui convenaient. Puis il téléphone à la maison pour inviter maman à venir le voir à la mairie. Ma mère répond :

– Je préfère que vous veniez, vous.

Mais Michel Branchet entend que cette conversation se déroule à la mairie. Pour lui, l'affaire relève d'ores et déjà de la justice et il faut la traiter sur un terrain neutre. Maman m'emmène à la mairie, une maison basse, accueillante, couchée dans une jolie cour plantée d'arbres. Une maison où ma mère a ses habitudes puisqu'elle y fait le ménage. Une maison dont je ne peux me douter qu'elle ne tardera pas à devenir pour moi un véritable port d'attache...

Le maire est un homme de grande taille, élégant, qui coiffe en arrière ses beaux cheveux blancs. Sa voix, son langage et toute sa personne dégagent une impression rassurante. Il me prend à part pour entendre ma version des faits et je lui raconte tout : je suis partie à vélo faire du sport et le Bûcheron m'a attrapée, brutalisée... Pas plus que M. Marc ou maman, le maire ne met ma parole en doute. Il me dit seulement :

– Attention aux mensonges ! Il va falloir que tu portes plainte, Élodie.

La discussion reprend avec maman. Le maire lui dit qu'elle doit tout expliquer à son mari. Il connaît papa. Il l'apprécie. Il sait parfaitement ce que mon père va ressentir en apprenant une pareille nouvelle. Mais il refuse de varier de sa ligne, à savoir que le conflit doit trouver sa résolution devant la justice, et que chacun doit prendre ses responsabilités. Il nous explique en détail la procédure à suivre, ainsi que les conséquences qui résulteront d'une action judiciaire.

– Tu dois le faire pour toi, me dit-il, mais aussi pour les autres. Pour le bien de la commune.

Car le Bûcheron, apparemment, n'en est pas à sa première agression dans le village. Autrement dit, ma plainte pourra empêcher d'autres incidents. Par mon geste, je contribuerai à protéger les habitants de Moléans et des alentours. J'écoute ces arguments sans trop savoir ce qu'il faut en penser. Je ne suis pas sûre d'avoir très envie de franchir le seuil de la gendarmerie. Dans mon esprit, « gendarmerie » signifie « ennuis ». Tout ce qui porte un uniforme, en général, a tendance à me faire fuir. Certes, en l'occurrence, je suis victime et non coupable. Mais j'ai accumulé tellement d'écarts de conduite depuis mon arrivée à Beaumont ! Je bois énormément. Je me fais des injections d'alcool. Je fume du cannabis. Je participe à des sorties qui conduisent parfois à des délits. Je vole des deux-roues. J'« emprunte » des voitures que je conduis en état d'ivresse... M'est-il possible de porter plainte sans me trahir ? Entrée dans la gendarmerie dans le rôle de la victime, est-ce que je ne risque pas d'en ressortir coupable ?

– Qu'est-ce qui te fait hésiter comme ça, Élodie ? me demande doucement le maire. Tu n'as rien à craindre.

Il ajoute :

– C'est du Bûcheron que tu as peur ? Ne t'inquiète pas. Il ne te fera rien.

Michel Branchet m'inspire confiance. Je vois qu'il s'efforce de m'aider. C'est sa seule motivation. Il ne cherche rien pour lui-même. Il a en tête la vie de ses concitoyens – et il insiste pour que je fasse « quelque chose ». Je me demande s'il n'a pas tout compris. Est-ce qu'il n'est pas en train de saisir cette affaire pour me tendre une perche, pour m'offrir une chance de donner à ma vie une orientation nouvelle ? Une occasion de me conduire enfin comme une personne adulte et responsable. De redevenir une jeune fille normale. Pour la première fois de mon existence, j'ai le sentiment d'avoir une lourde responsabilité entre les mains. Une responsabilité vis-à-vis de ma commune mais également vis-à-vis de moi-même.

Maman se tait. Elle me laisse décider.

– Alors ? reprend le maire.

– Alors oui, j'accepte de porter plainte.

Cette discussion à la mairie avec Michel Branchet ouvre plusieurs journées de grande confusion. Tandis que je retourne effectuer mon stage chez M. Crespin, ma sœur Sonia apprend mon agression de la bouche de maman. Toutes deux sont en larmes quand papa rentre de son chantier. Et elles lui disent tout. Comme prévu, une colère phénoménale s'empare de lui. Et le Bûcheron habite à quelques dizaines de mètres à peine de chez nous !...

Maman est le seul être au monde capable de calmer papa quand il pique une colère. Mais cette fois c'est plus qu'une colère. On a touché à sa fille. Maman déploie tous ses efforts – en vain. Elle est affolée. Elle en appelle à l'autorité du maire. Et papa finit par promettre de rester tranquille. Il n'ira pas voir le Bûcheron. Il laissera la justice suivre son cours...

Ma sœur Annabelle arrive sur ces entrefaites. Mes parents et mes deux sœurs viennent me chercher chez Crespin. Papa me jette un regard terrible, comme si j'avais fait quelque chose de mal. J'ai réellement fait du mal. Beaucoup de mal. Je bois, je m'injecte de l'alcool dans les veines, je fume de l'herbe, je fais le mur à Beaumont-les-Autels pour partir en virée, boire, me bagarrer et jouer à cache-cache avec la police... Mais ce n'est pas à cela qu'il pense. Car tout cela, il l'ignore. Il pense au Bûcheron. Or, avec le Bûcheron, je n'ai rien fait de mal !

Je me mets à pleurer. Papa s'adoucit aussitôt :

– Ne pleure pas, ma chérie. Il ne te retouchera plus. Justice sera rendue.

Et il ajoute :

– Si justice n'est pas rendue, je lui colle une balle dans la tête...

– Ne dis pas des choses comme ça ! proteste maman.

– Il faut qu'il paye, reprend papa. Justice sera faite. D'une façon ou d'une autre !

Je pleure toujours. Je suis perdue. Je ne sais plus du tout où j'en suis. J'ai l'impression d'avoir déclenché un cataclysme. Et dans ma tête, désormais, tout se mélange et tournoie – l'agression, l'alcool, mes tromperies et mes trahisons. Je devine que maman a des soupçons sur mon alcoolisme, mais chaque fois qu'elle a essayé d'aborder le sujet j'ai réagi agressivement. Une fois, j'ai même levé la main sur elle ! C'est pourquoi elle préfère ne pas y revenir. Certes, elle voit que je vais de plus en plus mal, et elle en souffre, mais elle met désormais mon état lamentable sur le compte de l'agression. Cette agression dont la révélation tombe à pic, en un sens, puisqu'elle forme subitement une sorte d'écran dressé devant le vrai problème.

Dans les jours qui suivent, je continue à boire. Chez Crespin, on essaie de m'apprendre à vendre des fleurs, à arroser, à soigner les plantes. Mais je n'assimile rien. Je ne suis pas à mon travail, à mes études, à mon avenir. Je n'arrive pas à me concentrer. Je ne me soucie que d'une chose : me procurer de l'alcool et du cannabis, retrouver des camarades avec qui sortir. M'enfuir la nuit de chez nous pour aller à une rave, me défoncer et m'abrutir de musique techno.

À la maison, l'ambiance est électrique. Papa, à son tour, a vu Michel Branchet à la mairie et adopté un point de vue raisonnable. Mais cela ne l'empêche pas d'être à bout de nerfs. Il faut dire qu'il trouve presque tous les matins le Bûcheron sur sa route en partant au travail ! Il a même eu une brève altercation avec lui : le Bûcheron était sur sa mobylette à l'arrêt, papa descendait le chemin. Le Bûcheron a eu le toupet de lui dire bonjour. Papa lui a crié que s'il osait s'approcher de moi, il était mort. Il lui a conseillé aussi de se débrouiller pour ne plus croiser sa route le matin.

J'ai promis au maire d'aller porter plainte à la gendarmerie. Je me rends compte qu'il est temps – plus que temps, même – d'honorer cette promesse.

– 7 –

C'est ainsi que je fais la connaissance de la gendarme Élisabeth Forestier.

Le représentant de l'ordre, dans mon esprit, est alors un personnage à éviter. Les jeunes buveurs répugnent à appeler la police, et même les pompiers, quand leur soirée tourne mal. C'est bête mais c'est ma vision des choses lorsque je pénètre dans la gendarmerie de Châteaudun.

Mes parents ont téléphoné pour prévenir les gendarmes de mon intention de déposer plainte. De mon côté, j'ai eu soin de ne pas boire, afin de faire bonne impression. Je suis propre. Je tiens à avoir l'air présentable. La gendarme Élisabeth Forestier m'accueille et le courant passe tout de suite entre elle et moi. C'est une femme de petite taille qui s'exprime d'une voix douce, avec un accent du Sud-Ouest à peine perceptible. Elle doit avoir dans les trente-cinq ans. Je comprends que j'ai affaire à une personne gentille, disponible. Elle m'explique ce qui va se passer. Puis, ayant deviné que la démarche n'a rien d'évident pour moi, elle fait tout pour me mettre à l'aise. En me parlant un peu d'elle-même. En m'apprenant qu'elle a trois sœurs. Qu'elle est la « petite dernière ».

– Et toi, Élodie ?

– Moi aussi, je suis la cadette.

Je découvre aussi qu'elle aime les chevaux. Qu'elle a un copain, qui est gendarme comme elle. Je réponds que j'aime le foot et que je supporte l'OM.

– J'aime bien l'OM, dit alors Élisabeth. Mais pourquoi tu trembles comme ça ? Tu as peur ?

– Non, lui dis-je en cachant mes mains.

Je sais tout de suite qu'elle a compris. Au premier coup d'œil, la gendarme Forestier a su détecter le véritable problème. Pourtant, elle n'insiste pas. Elle préfère passer directement à l'objet de ma présence dans son bureau.

– Il faut qu'on parle de cette agression, Élodie. Tu veux que je fasse venir un collègue ?

– Non.

– Alors je t'écoute. L'incident ne date pas d'hier. Pourquoi ne pas en avoir parlé avant ?

– On ne m'aurait peut-être pas crue.

– Et ?

– Et j'avais peur d'être regardée comme une coupable.

– Tu te sens coupable de quelque chose ?

Je me tais. Elle reprend :

– Dis-moi ce qui s'est passé exactement. C'est arrivé où ?

Je raconte mon histoire une fois de plus. Nous avons une discussion très franche et très calme. Élisabeth pose des questions simples, pertinentes. Je sens qu'elle cherche réellement à comprendre sans juger. Ce qu'elle veut, c'est connaître la vérité. Mais elle tient aussi à aller au fond des choses. Comme si elle avait décidé, dès la première minute, de percer le vrai secret de ma vie.

*
**

Mon retour à Beaumont-les-Autels est prévu pour le lendemain matin. Je me prépare à partir avec papa et maman, quand nous recevons un coup de fil de la gendarmerie : je suis convoquée à 14 heures. Aucune explication n'accompagne cet ordre. Mes parents et moi échangeons un regard. Et si la plainte était considérée comme non valable ? Déjà, les images défilent dans ma tête comme sur un écran : ma plainte est rejetée, la justice refuse de traiter l'affaire, papa entre dans une fureur noire et court s'en prendre au Bûcheron... Mais il s'agit d'une fausse alerte : je suis partie la veille sans signer ma déposition, voilà tout. Le mal est vite réparé. Et Élisabeth en profite pour m'informer qu'elle s'est entretenue avec le procureur. Des poursuites seront bien engagées contre le Bûcheron.

La nouvelle devrait me réconforter, m'aider à reprendre le contrôle de ma vie. En effet, mon comportement n'a cessé de se dégrader depuis que j'ai subi cette agression. Au point que mon entourage a fini par se convaincre que si je suis violente, c'est à cause du Bûcheron et de ce qu'il m'a fait. Et il est vrai que je sors soulagée de ce nouvel entretien avec Élisabeth. Quelque chose va être fait en faveur de la justice. Une forme de réparation devient possible. La perspective existe de pouvoir un jour tourner la page de ce traumatisme, même si nous savons tous que la machine judiciaire est lente. Pourtant, dans les semaines qui suivent, mon comportement continue de se dégrader. À Beaumont, je reprends mon existence infernale faite de mensonges, de fugues, de beuveries. Je continue à m'injecter de l'alcool dans les veines. À fumer de plus en plus de cannabis. Et même à essayer de temps en temps des drogues plus dures dont l'effet, heureusement, ne prend pas racine en moi. Mes études ont sombré depuis longtemps de toute façon. Mon avenir devient chaque jour plus improbable.

En dépit de cette victoire sur le Bûcheron, de l'aide des gendarmes, de cette rencontre avec Élisabeth, du soutien apporté par Michel Branchet à ma famille, je m'acharne plus que jamais à ruiner mes relations avec les adultes. Je m'exclus moi-même de la société.

Un jour les gendarmes m'ont convoquée pour une audition filmée, et je me présente chez eux complètement ivre. Élisabeth, pour essayer d'établir la communication, me demande ce qui ne va pas. Je réplique que ce ne sont pas ses oignons. Est-ce que cette question relève de l'enquête ? Non ? Alors pas la peine d'insister ! J'ai beau avoir conscience des efforts fournis par Élisabeth pour me mettre à l'aise et m'aider à m'en sortir, je lui jette cette phrase agressive :

– C'est ma vie privée !

Sa réplique fuse aussitôt :

– À partir d'aujourd'hui, Élodie, ta vie privée me concerne !

La dispute est lancée.

– Tu n'es pas ma mère !

Je me mets à la tutoyer aussi, sous l'effet de la colère.

– Arrête de me prendre pour une quiche ! reprend Élisabeth. Tu as un gros problème, Élodie ! Et tu as intérêt à le prendre en main, crois-moi ! À regarder les choses en face. Sinon, tu peux t'attendre à de très graves ennuis...

De très graves ennuis. À quoi fait-elle allusion ? Je le sais, évidemment. Elle pense à ma santé physique et mentale, aux dégâts générés par mon comportement. Toutes choses que je sais et ignore en même temps. Toutes choses que je préfère en général ne pas prendre en compte. De très graves ennuis... Ces très graves ennuis commencent pourtant à prendre une forme assez nette, aux confins de mon esprit embrumé.

Après quelques échanges sur le même ton, je finis par admettre que je bois « un petit peu ».

– Un petit peu ! s'exclame Élisabeth. Si je te faisais souffler dans l'éthylomètre à la minute présente, je trouverais deux grammes !

Elle a un éthylomètre dans l'œil, en fait. L'expérience...

Je quitte la gendarmerie sans avoir fait ma déposition filmée, qui est remise à plus tard. En attendant, un rendez-vous est pris avec une gynécologue. Cet examen confirme qu'il n'y a pas eu viol, comme je l'ai indiqué aux enquêteurs.

*
**

L'été venu, mes parents décident que les vacances se passeront à la montagne. Nous avons tous grand besoin de changer d'air. De nous retrouver ensemble. Nous partons pour la Haute-Savoie. Vivre enfin dans une ambiance plus calme ! Les paysages sont pleins de variétés, les couleurs lumineuses, les sonorités agréables. Quel contraste avec mon « plat pays » balayé par le vent incessant ! Ici, il n'y a pas de plaines, pour ainsi dire. Partout où se posent mes yeux, je ne vois que massifs, torrents, pentes boisées, pics enneigés, lointains, s'élançant vers le ciel bleu où planent des aigles. La montagne, c'est soudain la paix. C'est exactement le contraire du cauchemar que je vis quotidiennement – sans même me rendre compte que c'est un cauchemar. Ici, pas de course-poursuite avec la police, pas de réunions nocturnes pour se défoncer, pas de violence, pas de vol ni de conduite en état d'ivresse. Pas de danger. Pas de stress. Il suffit de profiter du grand air et de la vie en famille. Sauf qu'il est peut-être trop tard...

Certes, je parviens en Haute-Savoie à gérer mon alcoolisme, ne serait-ce que pour ne pas gâcher le plaisir de mes parents. Je bois aussi peu que possible. Mais je me fais tout de même quelques injections. J'ai apporté une seringue dans mes affaires – une seule, histoire de ne pas alourdir les bagages et de rester discrète. Une seule seringue que je réutilise chaque fois... C'est dangereux. Mais je ne peux plus m'empêcher désormais d'introduire du danger non seulement dans ma vie personnelle, mais aussi dans ma vie familiale, y compris quand nous nous efforçons de prendre du recul, du repos, des habitudes plus saines.

Cependant personne ne se rend compte de rien. Comme toujours... Il est vrai que j'ai acquis une puissante maîtrise dans l'art de cacher mon jeu. Tout en percevant confusément que je suis parvenue à la croisée des chemins. Souvent je pense à la prédiction de la gendarme Élisabeth Forestier : « Tu peux t'attendre à de très graves ennuis... » Je sens qu'elle a raison.

***

La fin de l'année est marquée par une succession de rendez-vous à la gendarmerie. La gendarme Forestier m'appelle un jour en disant :

– Tu es convoquée demain, Élodie.

Elle tient à préciser :

– Présente-toi à jeun.

Le lendemain matin, je me mets en route pour la gendarmerie sans prendre mon petit déjeuner. Mais non sans avoir bu !

– On n'avait pas dit « à jeun » ? me demande Élisabeth.

C'est sa première remarque.

– Si. Je n'ai pas mangé.

– « À jeun », ça veut dire « sans avoir bu », Élodie.

– Je ne savais pas.

– Alors à demain, Élodie. Et à jeun pour de bon cette fois.

Le lendemain, je me présente de nouveau à la gendarmerie, cette fois sans avoir bu. De sorte que je tremble comme une feuille. Les gendarmes me proposent un café. Ils voient que je suis dans un état épouvantable. Élisabeth m'explique que le Bûcheron sera bientôt placé en garde à vue. Je demande quand. Il est impossible de répondre à cette question pour le moment. Je serre mon gobelet vide entre mes mains qui n'arrêtent plus de trembler.

En plus de mes maux, je suis visitée désormais par des idées déprimantes qui tournent toutes autour du suicide. Élisabeth s'en aperçoit à la façon que j'ai de fixer des yeux son arme de service. Elle ne dit rien. Elle se contente de m'avoir à l'œil tout en parlant. Je la coupe au milieu d'une phrase :

– Il est bien attaché, votre pistolet ?

Elle ne répond pas. Elle voit parfaitement ce que j'ai en tête. Elle reste sur ses gardes.

C'est alors que je fais la connaissance du chef Pozza, un gendarme d'origine italienne. Il m'interroge en s'efforçant de pointer les éventuelles contradictions de mon récit. Mais il n'y a pas de contradictions. Ma relation des événements est toujours la même. Elle ne varie pas. Elle ne peut varier puisqu'elle exprime la vérité. Je commence même à avoir le sentiment que cette affaire d'agression représente, dans le tableau de mon existence actuelle, le seul motif qui ait un rapport avec la vérité. Tout le reste n'est que mensonges. Partout je fais semblant – chez mes parents, à l'école à Beaumont, en stage. Et je me trompe moi-même. Je trahis ma propre vie.

Aussi, plus ou moins consciemment, et même si mes relations avec les autres ne sont plus qu'un champ de ruines, j'accorde beaucoup d'importance à « mon » affaire. Cette affaire qui me replace dans la réalité. Qui m'aide peu ou prou à échapper au naufrage. C'est la raison pour laquelle je suis soulagée d'apprendre un peu plus tard que le Bûcheron est enfin placé en garde à vue pour répondre aux accusations dont il est l'objet de ma part. Soulagée aussi de savoir qu'il a avoué tout de suite. Il n'en est pas à sa première agression. La vérité est en train de percer. Quelques jours plus tard, le Bûcheron est présenté au parquet, mis en examen et jeté en prison.

J'en ressens un réconfort immense. Je ne suis pas une menteuse. La société accorde de la valeur à ma parole. Les adultes acceptent de prendre mes réactions en compte.

C'est alors qu'Élisabeth m'attire à part.

– Maintenant, Élodie, il va falloir t'occuper sérieusement de ton autre problème.

Élisabeth est une femme qui ne lâche jamais prise. Quand elle a décidé d'obtenir quelque chose, elle l'obtient. Et ce trait de caractère me plaît. Élisabeth me fait penser à la comédienne Corinne Touzet dans *Femme d'honneur*. C'est une série que j'aime regarder, à la maison ou à l'internat. Comme l'adjudant-chef Isabelle Florent, Élisabeth Forestier n'est pas seulement une gendarme. C'est aussi quelqu'un qui peut passer outre sa fonction, sortir de son rôle quand la situation l'exige. Élisabeth n'est pas gendarme seulement pour être gendarme, mais aussi par humanité. Elle n'est pas là pour me punir. Ni pour me juger. Elle veut aussi m'aider. Quitte à sortir un tant soit peu de la mission que la société lui a impartie. Je l'entends encore me dire dans son bureau :

– L'enquête, Élodie, on va la prendre en main. Mais toi, arrête de picoler. Arrête tes crises de calcaire !

« Tes crises de calcaire », c'est son expression, à la gendarme Forestier. Est-ce une phrase en usage dans son Sud-Ouest natal ? Elle la prononce en y mettant beaucoup d'autorité, mais une touche de compassion aussi, et une grande résolution. Et c'est la première fois que quelqu'un aborde mon problème d'alcool avec franchise, sans détourner les yeux, sans entrer dans mon jeu. Je l'ignore encore, mais je lui en suis reconnaissante. Elle comprend que toutes mes difficultés viennent de mon alcoolisme et elle compte bien faire tout ce qu'elle pourra pour m'obliger à regarder la vérité en face. Ce qui me vexe, d'ailleurs, au début ! Pour qui se prend-elle, la gendarmette ? Si j'ai envie de faire des « crises de calcaire », ce n'est sûrement pas elle qui va m'en empêcher ! Je mène ma vie à ma guise ! Je n'ai de comptes à rendre à personne. Surtout pas à elle. Élisabeth n'est pas ma mère ! Qu'est-ce qui lui prend, de jouer comme ça les assistantes sociales ? Mais j'ai beau poursuivre ces pensées, j'entends au fond de moi une voix minuscule qui me conseille, au contraire, d'écouter la gendarme Forestier.

Écoute-la...

On dirait un appel lancé au fond du brouillard – une corne de brume.

C'est pour ton bien...

Et cet appel résonne aussi comme une invitation à me remettre en cause, chose à laquelle, hélas ! je ne suis ni habituée ni encore prête. De sorte que je continue ma vie d'adolescente alcoolique. Acheter de l'alcool. Acheter du cannabis. Mélanger les deux. Faire « la fête ». Me défoncer, en réalité. Jusqu'à tout oublier. Y compris mon adresse. Et l'amour des miens. Jusqu'à me retrouver vautrée par terre. Ou mêlée à une bagarre dont plus personne ne se rappelle ce qui l'a déclenchée.

*
**

Mes expériences dans les entreprises ne sont guère fructueuses. Et pour cause : je ne suis pas à mon travail, à mes apprentissages. Je suis entièrement dévouée à mon maître, l'alcool.

Marc, mon moniteur, finit par me chercher un stage moins contraignant, et je suis acceptée à la mairie de Moléans, ma propre commune. Le maire, en effet, se soucie de moi depuis l'affaire du Bûcheron. Il me connaît depuis que je suis toute petite, comme je l'ai dit. En outre, maman est femme de ménage à la mairie et au domicile même du maire. Lui aussi est persuadé que rien ne s'arrangera dans ma vie tant que je n'aurai pas abordé franchement mon problème. Il en a parlé à Marc. Tous deux ont fait ensemble le point sur la question et envisagé cette solution : un stage à la mairie.

Cependant, Michel ne met pas tout de suite le doigt sur le sujet. Il se contente au début de m'accepter en stage dans ses services. Sauf que je me présente au travail complètement défaite. En titubant parfois. Négligée, habillée d'un tee-shirt sale. Empestant l'alcool. Je me traîne jusqu'à l'ordinateur. Je m'assieds. Je fais semblant de travailler – je suis incapable de la moindre concentration. La secrétaire ne peut pas ne pas voir la vérité. Elle se rend très bien compte que je ne suis pas en état. Et même que je suis sur une pente destructrice. Mais elle s'abstient d'en parler à ma mère. Elle craint de faire des histoires. Elle redoute aussi ma réaction si j'apprenais qu'elle m'a « dénoncée ».

Un matin, je suis au travail, l'écran de l'ordinateur est flou. Je ne sais plus ce que je fais exactement. Mes mains tremblent sur la souris et sur les touches du clavier. Je suis envahie d'une torpeur profonde. J'ai l'impression d'être enfoncée dans la boue. Mon regard tombe sur un cahier posé sur la table à côté du clavier. Mon cahier de stage. Je l'ouvre. Mon moniteur y a écrit comme appréciation : « Élodie fonctionne en roue libre. » Je ne comprends même pas ce que peut signifier cette expression. Est-ce un jugement positif ou négatif ? Soudain, un cri retentit dans la mairie :

– Élodie !

C'est la voix du maire, justement. Il me convoque immédiatement dans son bureau. Je me lève avec peine. J'essaie de marcher aussi droit que possible. Depuis que je bois, je suis toujours habitée par la même certitude : « J'arriverai bien à donner le change ! » Même ivre morte, je suis prête à répéter à qui veut m'entendre que je n'ai pas bu, que tout va bien, qu'il n'y a pas de souci... Je m'arrête au seuil du bureau. J'essaie de sourire poliment, de faire bonne figure. Michel Branchet est assis derrière sa table couverte de dossiers.

– Entre, Élodie. Ferme la porte.

Je vais m'asseoir – avec soulagement car je tiens à peine debout. Je le regarde, tandis qu'il m'étudie lui aussi avec une expression à la fois consternée et protectrice. Michel et son physique de rugbyman. Michel et son expression réconfortante. Je sais qu'il a été chef d'atelier et qu'il a l'habitude de commander, de diriger, de se dévouer pour faire tourner les choses. Je sais aussi que c'est un homme cultivé qui aime la lecture. Un homme d'esprit. Un chef de famille, déjà grand-père. Il offre l'image d'une personne responsable dont on ne refuse pas le soutien. Il est désolé de ce qui m'arrive. Et, tout comme la gendarme Forestier, il a compris que ce n'est pas en se voilant la face qu'il parviendra à me venir en aide.

– Tu es mal partie, Élodie.

Il poursuit :

– J'espère que tu vas te reprendre. C'est une question de volonté. Ton destin t'appartient. Tu es arrivée à un carrefour. Tu as la possibilité de choisir. Soit tu t'enfonces toujours davantage, soit tu t'empares de ta vie...

Mais il sait aussi combien il est difficile de fournir un effort de volonté quand on s'est laissé aller depuis si longtemps. C'est pourquoi il tient à m'informer que la porte de son bureau m'est ouverte. Je peux venir lui parler chaque fois que j'en éprouverai le besoin. Parler peut me faire du bien. Dans un dialogue avec lui, je puiserai peut-être la force de m'en sortir.

Il répète :

– Tu es en danger !

Même dans l'état où je suis, je sens que je peux me reposer sur lui. Michel n'est pas un étranger. Sa grande silhouette est connue de tous. Maman travaille pour lui. Il m'a prise en stage, en dépit des dégâts que je suis susceptible de faire dans sa petite mairie si propre, si confortable, si bien organisée. Il m'a montré comment me servir d'un ordinateur. À présent il m'explique :

– Tu sais, Élodie, il existe une échelle de ce qui est douloureux pour des parents et tout à chacun. Une échelle des douleurs...

Je le regarde, intriguée. Une échelle ? Douleur des parents ? De quoi parle-t-il ? Je fais tout ce que je peux pour comprendre le message qu'il essaie de me faire passer. Et j'ai à certains moments l'impression très brève qu'en effet un éclat de raison et d'intelligence se fraie un passage dans la brume de mes idées. Michel prend une feuille sur le paper board. Je me rapproche du tableau pour voir ce qu'il fabrique. Il est en train de dessiner. Il trace un schéma. Une « échelle » de notions fondamentales. Et, tout en réalisant son croquis, il commente :

– La perte du travail, la perte du logement, une maladie frappant le conjoint...

Il ajoute :

– La perte d'un enfant. C'est le pire. C'est extrêmement douloureux.

Il me regarde avec attention. En tant que maire, il est bien placé pour savoir ce qu'est une famille dans la peine et les difficultés. Il a eu le temps de réfléchir en détail aux problèmes que rencontrent ses concitoyens. Il est capable de les hiérarchiser, et de les mettre en regard avec des solutions possibles. Son tableau prend forme sous mes yeux. Je suis en train de comprendre que ma famille est frappée par le malheur et que ce malheur, c'est la maladie dont je souffre. La boisson m'empêche d'étudier. La boisson augmente mon agressivité. La boisson me pousse à des comportements dangereux proches parfois de la délinquance. La boisson détériore mes liens avec mes proches. La boisson m'entraîne à ma perte. Et ma perte sera un fardeau supplémentaire pour papa, maman, mes sœurs et toute la famille...

Michel, à ce moment-là, agit sans être sûr que ses leçons donneront quelque chose. Il jette des graines minuscules dans ma conscience. Et il doute certainement de voir ces graines ne jamais germer, donner des fruits. Pourtant, même si le résultat est encore invisible, son effort est efficace. Sans vraiment le savoir, je sens que quelqu'un me tend une perche. Un instinct me le murmure à l'oreille. Ce même instinct qui fait que, même en étant ivre, j'ai encore le réflexe de m'arrêter au feu rouge ou de regarder avant de traverser la rue. J'ai beau être tout affaiblie, une flamme brille encore sous les ruines de ma vie. Et c'est sur ce feu quasi invisible que Michel essaie de souffler.

Il ajoute :

– Pourquoi tu n'arrêtes pas de boire, Élodie ? De quoi tu as peur ?

J'ai peur ? Moi ? Première nouvelle ! Je frissonne. Oui, la peur – elle joue peut-être bien un rôle dans toute cette histoire, finalement... Je vois que Michel inscrit une phrase dans un coin de sa feuille. Je vois aussi qu'il découpe soigneusement la phrase avec des ciseaux. Il me tend le billet qu'il vient de découper.

– Prends ça.

– C'est quoi ?

– Une maxime. Pour que tu y réfléchisses.

Je lis la maxime qu'il vient de noter à mon intention : « Choisir, c'est renoncer. » La phrase produit un grand effet sur mon esprit. Une vraie marque au fer rouge ! Je comprends tout à coup pourquoi Michel m'a demandé si j'avais peur. C'était une façon de me laisser entendre que je craignais peut-être de perdre les bénéfices attachés à mon comportement. Je sais confusément, ou inconsciemment, que boire me fait du mal. Mais en continuant de consommer de l'alcool je m'épargne de grandir. Je reste une personne irresponsable. Je m'offre le luxe de ne pas me soucier des autres – papa, maman, mes sœurs, les gens qui me font confiance.

Choisir, c'est renoncer. Le moment est venu de « choisir ». Donc de « renoncer » aux bénéfices douteux liés à la boisson. À ce plaisir qui n'en est pas un. À cette jouissance qui est en fait un poison mortel. À cet « ami » qui veut me détruire.

Je plie le morceau de papier et je le glisse dans mon portefeuille. Ainsi, je l'aurai toujours sur moi. Comme un talisman. Comme un message sacré, un guide, un signe adressé à moi seule.

Michel conclut en répétant :

– Ma porte est ouverte.

Il se met à mon écoute. C'est drôle de voir cet homme si fort, si puissant déclarer de sa voix gentille qu'il accepte de tendre l'oreille aux propos d'une adolescente – presque une gamine, laquelle, bien souvent, ne ressemble à rien d'autre qu'à une épave. À part la gendarme Forestier, personne n'a réagi ainsi jusque-là. Personne non plus ne m'a dit : « Il faut que tu arrêtes de boire. » Personne ne s'est montré disponible, ouvert, tolérant – et en même temps complètement lucide.

Cette affaire d'agression m'a permis de rencontrer deux personnes prêtes à me prendre sous leur aile, à passer outre leur fonction pour tâcher de me tirer d'affaire, pour m'aider à sortir de l'ornière : Élisabeth la gendarme et Michel, le maire de ma commune. J'insiste sur ce point. Élisabeth et Michel ont réussi là où ont échoué les professeurs d'Anatole-France et les moniteurs de Beaumont-les-Autels : m'apprivoiser. La gendarme et le maire sont parvenus à créer un lien avec moi. En me montrant qu'ils n'ont pas peur de moi. En me montrant qu'ils ont du cœur. En refusant de m'exclure de la société et de la vie. En ne me cachant pas ce qu'ils pensent de mon état. De sorte que je les respecte. C'est alors que je commence à prendre conscience d'une chose : je redoute maintenant qu'Élisabeth et Michel ne se fâchent contre moi. Je crains leur colère. C'est bon signe. Toute la question est maintenant de savoir si je suis prête à saisir la perche qui m'est tendue. Si j'accepte de me cramponner à la bouée de sauvetage que l'on a bien voulu me lancer. De fournir l'effort que la vie exige de moi.

De choisir. De renoncer.

*
**

Mon stage à la mairie ayant pris fin sur cette étrange appréciation : « Élodie fonctionne en roue libre », je retourne à l'école où je continue à boire de plus belle, à me faire des injections, à dissimuler mes cicatrices sous des tee-shirts à manches longues, à jouer au chat et à la souris avec les adultes, à me battre comme un chiffonnier, quelquefois même avec les moniteurs.

À Beaumont, plus personne n'est dupe. Je me néglige, je suis épuisée, je ne communique plus avec autrui, à part sur le mode agressif. Je suis devenue un cas désespéré, y compris aux yeux de Marc, qui s'est tant dévoué pour moi, et du directeur qui a tenté de me donner ma chance.

Je ressens moi-même un grand désarroi. Je suis perdue. Je suis en train de me précipiter dans l'abîme et j'en ai conscience. De même que j'ai conscience de ce que la vie attend de moi. La vie attend de moi que j'écoute les conseils d'Élisabeth Forestier et de Michel Branchet. Là est le salut. La seule voie possible. Il suffit d'une décision de ma part. Mais cette décision, je ne peux pas la prendre tant je suis affaiblie. Je n'ai plus de forces. Je peux seulement boire, fumer et m'injecter de l'alcool. Et mon existence s'émaille d'incidents de plus en plus graves, comme cette dispute qui éclate avec le chef Pozza.

Je me présente à la gendarmerie pour voir Élisabeth. Mais je suis complètement ivre. Sale. Mon sweat-shirt est encore souillé de ma beuverie de la veille. Je dégage une odeur épouvantable. Je n'aurais jamais dû venir dans un état pareil. Mais cette ambivalence fait partie de mon état d'esprit d'alors. Mon attitude hésite entre la bonne volonté et la provocation. D'un côté je discute avec Élisabeth, je discute avec le maire, et je sens que je dois leur offrir des gages, manifester de la bonne volonté, leur prouver que j'ai compris leur leçon. Et j'ai envie de leur faire ce plaisir ! Mais en même temps je prends un autre plaisir, malsain celui-là, qui consiste à leur offrir l'image de moi-même la plus vile et la plus détestable. Voilà pourquoi je débarque à la gendarmerie pas lavée et puant l'alcool. C'est plus fort que moi. Il faut que je leur envoie ce message aussi. Il faut qu'ils sachent qu'ils n'arriveront à rien avec Élodie ! Alors que mon désir profond est de m'entendre avec eux. Voire de les aimer. Donc de changer de vie.

Toujours est-il qu'à mon arrivée à la gendarmerie, cet après-midi-là, je tombe non pas sur Élisabeth, mais sur le chef Pozza. Il est mécontent. Lui aussi veut que je m'en sorte. Et je l'aime beaucoup. Nous adorons discuter foot, tous les deux. Je lui envoie des vannes sur l'équipe d'Italie et lui me charrie sur l'OM. C'est un excellent gendarme. Et un très bel homme – le vrai Méditerranéen aux cheveux très sombres. Un type plein d'humanité, aussi, capable comme Élisabeth de sortir de son rôle quand il s'agit de tirer quelqu'un du pétrin. Comme Élisabeth, comme Michel, le chef Pozza a ma confiance. Sauf qu'il me lance dès qu'il me voit dans cet état :

– Tu vas bientôt te décider à arrêter tes conneries, toi ?

Je réplique en braillant :

– T'es pas mon père !

Et, pour faire bonne mesure, j'ajoute :

– Je te pisse à la raie du cul !

Le chef Pozza aurait pu me mettre en cellule de dégrisement. Il aurait pu me punir sévèrement. Me faire regretter mes injures. Et mon comportement général, qui consiste précisément à insulter tous ceux qui se dévouent pour mon sort. Il ne le fait pas. Il a pitié de moi. Il se contente de me demander de débarrasser le plancher. Mais par la suite, il me prend en charge d'une façon originale, bien à lui, et qui consiste à me faire signer un contrat qui s'attache aux détails de la vie quotidienne. Le document reprend la liste des obligations que je m'engage à respecter – me lever de bonne heure, faire mon lit, nettoyer ma chambre, mettre des vêtements propres, nouer les lacets de mes baskets, réduire ma consommation de cannabis, ne plus toucher à l'alcool... À l'époque, il lui arrive même de venir jusque chez moi s'assurer personnellement du respect de l'engagement : il inspecte ma tenue et l'état de ma chambre. Il m'interroge sur mon programme de la journée.

Ses efforts donnent-ils des résultats ? Il faut bien reconnaître que non. Pas sur le moment. Pourtant, ils laissent des traces, puisque je partage aujourd'hui son opinion, à savoir qu'une existence entière peut se reconstruire sur le respect des résolutions les plus simples.

*
**

Et puis très vite arrivent les fêtes de fin d'année. Il y a des lumières dans les rues. Des décorations. De la musique. Mais les sapins aux boules multicolores ne font que rendre ma vie encore plus triste. Et ces mélodies sirupeuses qui se répandent partout ! C'est à vous donner le cafard encore plus. Je n'aime pas les chansons sirupeuses. Je n'aime que le rap et la techno. Le rap et la techno disent la vérité de la vie. Noël, c'est le mensonge généralisé !

Le lendemain de Noël, je « fête » ce mensonge dès le matin. En fin de journée, alors que je suis à la maison, je réussis à dénicher Dieu sait comment une bouteille de whisky. Comment est-elle arrivée là, puisque personne ne boit chez nous à part moi en cachette ? Elle doit dater de très, très longtemps. Et ce qu'elle contient n'est peut-être plus vraiment propre à la consommation. Quoi qu'il en soit, je la vide. Et c'est la bouteille de trop. L'ivresse monte très vite et je tombe malade presque tout de suite. Très malade. Je suis prise de vomissements. Du fond de mon désespoir, je vois la panique se répandre autour de moi. Puis je tombe dans un état second. J'ai l'impression de mourir tandis que l'on s'agite en vain dans toute la maison. Ma sœur Annabelle essaie de m'empêcher de m'évanouir et crie mon prénom. Maman, au téléphone, appelle le SAMU. Elle frappe des pieds. Elle finit par avoir un médecin au bout du fil. Elle engage avec lui une discussion heurtée, confuse. Paniquée, elle répète qu'il faut envoyer une ambulance en urgence. Mais le médecin lui demande de décrire les symptômes. Les symptômes, ce sont des vomissements. Le médecin a compris, sans doute, de quoi il s'agit.

– Tant qu'elle vomit, c'est bon.

Le SAMU a d'autres chats à fouetter à cette période de l'année. Ils ne peuvent envoyer une ambulance pour une ado qui a bu un coup de trop.

– Surveillez-la. Rappelez-nous en cas de problème.

Maman raccroche. À ce moment-là, nos regards se croisent. Et je vois dans ses yeux qu'elle mesure l'étendue des dégâts. Toutes les difficultés que je rencontre et que je leur fais subir depuis deux ans trouvent brusquement un nom : la boisson. Je ne suis pas une enfant qui a des difficultés scolaires. Je ne suis pas une adolescente agressive et caractérielle. Ni même une jeune fille traumatisée par une agression sexuelle de la part d'un voisin. Je suis juste une malade alcoolique. Une malade de quatorze ans. Je consomme des quantités d'alcool que mon âge et mon organisme ne supportent plus, ce qui entraîne des réactions en chaîne, des dégâts et des catastrophes. Soudain, il est impossible de se boucher les yeux.

Maman et Annabelle me font prendre une douche. Elles voient les cicatrices sur mes bras. Elles sont horrifiées. J'ai toujours réussi à leur cacher ces stigmates sous mes éternels tee-shirts à manches longues. Cette fois, tout est découvert. Pendant que maman me rhabille, Annabelle prépare du café. Toute la famille se retrouve dans la cuisine. Au bout de deux ou trois tasses de café salé, je reprends conscience. En un sens, ma capacité à récupérer me trahit. J'ai l'habitude de boire, d'être très mal et de recouvrer rapidement mon assurance, ne serait-ce que pour pouvoir recommencer. Je me sens presque bien, tout à coup, assise à table avec papa, maman et ma sœur. Je n'ai même pas mal à la tête. D'ailleurs, le phénomène n'a pas échappé à mon père, qui me dit :

– Je ne vais pas te faire la morale, chérie, mais tu vas arrêter tout de suite ces bêtises !

Je le regarde. Je n'ai pas peur. Je suis soulagée que la vérité perce enfin. J'ai l'impression de respirer un air plus pur. Papa a raison. Il faut que j'arrête tout de suite mes bêtises.

– Promis ?

– Promis, papa.

Annabelle pleure. Maman, qui s'efforce de ravaler ses larmes, finit par dire :

– Je savais que ça devait arriver un jour ou l'autre. Je savais que c'était l'alcool.

– Elle va s'en sortir ! décide papa. Je vais l'emmener à Vie libre. Ils savent comment s'y prendre. D'accord, Élodie ?

– D'accord, papa.

– 8 –

En janvier, au cœur de cet hiver qui a pour moi le goût d'une descente aux abîmes, la gendarme Forestier me donne le numéro de téléphone du CICAT, le Centre d'information et de consultation en alcoologie et toxicomanie. Cette association dispose de toutes sortes de moyens pour venir en aide aux malades alcooliques et aux toxicomanes. Et elle possède une antenne à Chartres.

Élisabeth est lasse de mon comportement. Pas de moi ! De mon attitude. C'est une nuance à laquelle je tiens. Elle commence à donner des signes de désarroi, elle aussi. Comme mes professeurs autrefois. Comme mes parents. Comme tout le monde. Et puis je me montre agressive avec elle aussi. Mes provocations sont incessantes. On dirait que je cherche à ruiner à tout prix une des seules relations susceptibles de me faire du bien. C'est pourquoi elle insiste, comme on joue le tout pour le tout :

– Tu vas les appeler en urgence, Élodie. Tu leur dis que c'est pour une consultation en alcoologie.

Je glisse le numéro dans mon portefeuille, pour qu'il tienne compagnie à la maxime du maire. « Choisir, c'est renoncer. » Suis-je prête à choisir ? À donner un simple coup de téléphone ? Il semble que non. C'est encore et toujours l'alcool qui choisit pour moi, en dépit de la promesse faite à papa le soir de Noël.

Pendant les premières semaines de l'année, j'ai essayé de boire un peu moins qu'avant les fêtes – pour respecter ma promesse, justement. Mais cela voulait dire boire quand même. Et quand on boit, il est de toute façon très difficile de se mesurer. Quoi qu'il en soit, cette « bonne résolution » n'a pas tenu longtemps. J'ai très vite augmenté les doses.

À la maison, la situation se dégrade de jour en jour puisque je suis regardée désormais pour ce que je suis : une malade alcoolique. Les conflits avec maman ne s'arrêtent plus. Elle a peur de moi. Je suis si violente ! Elle appelle les gendarmes à la rescousse. Ce qui donne lieu à des scènes dramatiques, désespérées. Finalement, mes parents n'ont d'autre choix que d'envisager un placement en foyer. Ils craignent pour ma sécurité. Des discussions ont lieu avec les gendarmes, qui désormais me surveillent de près car ils s'attendent à une très grosse bêtise de ma part.

L'établissement retenu est le foyer Marc-Nivet, à Chartres. C'est une maison spécialisée qui accueille vingt-cinq adolescentes âgées de douze à dix-huit ans. Ces filles sont toutes des sujets difficiles, bien entendu. Des cas d'absentéisme scolaire, de fugues répétées, voire de délinquance. Mais il n'y a pas d'autre solution pour moi. Beaumont-les-Autels se conclut par un échec complet. En dépit des efforts des moniteurs, je n'ai réussi ni à progresser dans mes études ni à faire mes débuts dans une carrière agricole. Je ne suis parvenue qu'à m'enfoncer toujours plus profondément dans le mal et la maladie.

Mes parents tiennent à me conduire eux-mêmes au foyer, qui se trouve à cinquante kilomètres de chez nous. Quand nous nous disons au revoir à la porte de l'établissement, je lis dans leurs yeux une inquiétude insondable. Ce placement, c'est ma dernière chance. Mais qui y croit vraiment ?

Le foyer dépend de l'Association pour la sauvegarde de l'enfance. On s'efforce d'y éduquer des filles inéducables. Vous arrivez là quand les adultes ont tout essayé. L'étape suivante, c'est la rue – l'adolescente livrée à elle-même, une proie pour les dealers, les délinquants et les proxénètes. Mais l'endroit n'a rien d'une prison ! On vit en pavillon, dans des chambres individuelles ou des appartements collectifs. Les éducateurs sont dévoués, ouverts au dialogue. La discipline n'est pas excessivement rigoureuse. Pour ma scolarité, je suis inscrite en ville à l'institution Notre-Dame, un établissement où l'on respecte les élèves – on les vouvoie, chose à laquelle je ne suis pas du tout habituée. Après les cours, je dois impérativement être rentrée au foyer à 18 heures.

Mais dans un foyer, les filles ont tendance à vouloir bizuter toute nouvelle arrivante. C'est ce qui arrive avec moi. Elles ne savent pas à qui elles ont affaire. Je réagis à ma façon – et ma façon est plutôt rude, comme elles peuvent s'en rendre compte sans tarder. En fait, c'est moi qui ai le dessus assez vite. Les filles ne supportent pas. Elles recommencent à me chercher des poux dans la tête. Pour le regretter aussitôt. C'est le cycle infernal des bagarres et des vengeances. Je comprends qu'il ne se passera rien de valable dans ce foyer. Et je continue à boire.

En fait, je m'achemine vers la délinquance – il faut bien appeler les choses par leur nom. Je fugue du foyer. Je rejoins des camarades avec lesquels nous nous lançons la nuit dans des équipées idiotes. Des bêtises de gosses, en fait : on sonne chez les gens pour les réveiller, avant de s'enfuir à toutes jambes ; on court sur les toits des garages ; on joue à cache-cache avec la police. Mais il y a plus grave : il m'arrive aussi de voler des mobylettes. Ou même une voiture, pour apprendre à conduire. D'ailleurs, du moment où je sais tenir un volant, je prends l'habitude de partir en virée avec une copine dont les parents sont en plein divorce. Le jeu consiste à se mettre en quête d'une voiture dont le propriétaire a laissé les clefs sur le contact. Il faut quelquefois chercher longtemps. Se donner de la peine. Mais cette négligence est plus fréquente qu'on ne pourrait le croire à première vue. Certains conducteurs s'éloignent en laissant les clefs, c'est un fait. Soit par oubli, soit par distraction, soit par naïveté ou inconscience. Ou encore parce qu'ils sont âgés et qu'ils n'ont plus toute leur tête. Dans ce cas, rien n'est plus facile.

Nous avons également mis au point des techniques plus sophistiquées. Par exemple, nous repérons une dame qui descend de sa voiture après s'être garée sur un parking de supermarché ou au bord d'un trottoir. Manifestement, elle part faire des courses. En général, elle glisse la clef dans son sac – ça semble un réflexe universel. Il suffit de la prendre en chasse et de se débrouiller pour repêcher les clefs dans le sac à main. L'opération exige du doigté, un savoir-faire, une grande adresse. Mais tout dépend du « gibier ». La conductrice est parfois une personne vulnérable, ou peu attentive.

En tout cas, la motivation est de notre côté. L'habileté aussi. Quelle que soit la méthode, nous finissons toujours par trouver une voiture. Je me mets au volant. On prend l'autoroute vers Paris. On roule à cent trente. Je ne suis pas une conductrice très prudente, ni très fiable puisque j'ai bu et fumé pas mal de joints. Du moins j'essaie de ne pas me faire flasher. Par respect pour le propriétaire, notamment. J'essaie aussi de ne pas abîmer le véhicule, pour la même raison. Nous allons jusqu'à Paris. En fait, nous nous arrêtons avant le périphérique, car nous jugeons que les forces de l'ordre sont trop nombreuses dans Paris intra-muros. Les contrôles y sont trop fréquents. Et puis conduire dans une très grande ville est toujours un choix hasardeux. Il faut connaître les grands axes, les directions principales – chose que j'ignore absolument. Dans ces conditions, le risque est trop grand de se faire contrôler. La voiture garée en proche banlieue, on part faire un peu la fête. Boire de l'alcool, pour être précise. L'escapade dure un bon moment. Les verres et les pétards se succèdent. Les parties de rigolade. Parfois les insultes ou les bagarres. La défonce. Si bien qu'au retour nous avons souvent du mal à retrouver notre véhicule. Il faut remonter une rue, puis l'autre. En titubant. En se demandant si c'est la bonne rue. Puis si c'est la bonne voiture. En nous énervant quelquefois. En nous disputant. Il arrive que nous ne puissions pas retrouver la voiture. Dans ce cas, nous n'avons d'autre choix que d'en chercher une autre. Et tout est à recommencer.

Je souhaite préciser que je mets un point d'honneur à ramener la voiture où nous l'avons trouvée, dans la mesure du possible. Et avec le plein ! Après avoir effacé les empreintes, aussi. On n'est jamais trop prudent.

Dans mon esprit, ces équipées ne sont pas un vol. Elles sont un emprunt. D'ailleurs, la chance est souvent de notre côté. Nous n'avons jamais eu d'incident grave à déplorer.

Une fois, à la sortie de Chartres, nous tombons sur un contrôle autoroutier alors que nous partons pour Paris. La vue du gendarme qui nous fait signe de nous arrêter me contrarie.

– On est mal ! répète ma copine à côté.

Vite, elle me donne un chewing-gum que je commence à mâcher avec ardeur, dans l'espoir de masquer les odeurs de vodka et de cannabis. Je suis assez ivre, déjà. Mais je parviens à garer sans problème la voiture « empruntée » à hauteur du gendarme. Un jeune gendarme. Il touche sa casquette pendant que je descends la vitre.

– Les papiers du véhicule, s'il vous plaît.

Apparemment, il ne calcule pas que je n'ai pas l'âge d'avoir le permis. L'alcool m'a-t-il donc tellement vieillie ? Sommes-nous tombées sur un gendarme aveugle ? Je fais signe à mon amie d'ouvrir la boîte à gants. Chance, les papiers sont là ! La carte grise, l'assurance. Le gendarme examine les documents. Il s'assure en prenant son temps qu'ils correspondent bien à la plaque minéralogique. Puis il me les rend.

– Permis de conduire.

Je fais l'effort de prendre une mine désolée :

– Je l'ai oublié à la maison...

J'essaie de maîtriser ma voix, qu'elle n'aille pas me trahir !

– On est parties précipitamment. Je regrette. Est-ce que je ne pourrais pas venir demain le présenter à la gendarmerie ?

– Ce ne sera pas la peine.

Ce jeune gendarme est non seulement aveugle mais déprimé, manifestement. Peut-être est-il mécontent de se retrouver là, d'effectuer des contrôles fastidieux sur la bretelle de l'autoroute. Peut-être a-t-il des ennuis. Des problèmes personnels. Peut-être n'a-t-il pas envie d'être gendarme. Ou pas envie d'être sévère. En tout cas, tout lui échappe ! Il ne voit pas que nous sommes mineures. Il ne comprend pas que nous avons bu et fumé. Ni que nous sommes dans une auto volée. Il ne perçoit absolument pas que je ne suis pas en état de conduire. Que les deux gamines qui occupent ce véhicule vont s'élancer sur l'autoroute et mettre en danger la vie d'autrui.

Il touche sa casquette de nouveau :

– Vous pouvez circuler.

Nous roulons plusieurs kilomètres sans dire un mot. Nous sommes stupéfaites. Abasourdies.

– C'est trop ! finit par s'exclamer ma copine.

– Peut-être qu'ils recherchent quelqu'un en particulier...

– Possible.

– Tu crois qu'il avait bu ?

On éclate de rire. Nous roulons à tombeau ouvert en direction de la capitale.

De temps en temps, je pense à la gendarme Forestier. Et je me répète à voix haute :

– Demain, j'appelle le CICAT !

L'organisme dispose aussi d'un centre à Chartres, de sorte qu'il est facile, pour moi, de pouvoir bénéficier d'une consultation. Il me suffit de composer un numéro de téléphone, de prendre rendez-vous et de prévenir les éducateurs. J'ai une bouée de sauvetage à ma disposition. Elle flotte à quelques mètres de moi, je n'ai qu'à tendre le bras. Mais la journée passe et emporte tout. Le soir, je n'ai pas appelé. J'ai refusé d'attraper cette bouée.

Je préfère mes bagarres avec les filles et mes injections. Je préfère m'enfuir la nuit en passant par la fenêtre, et rejoindre en ville des jeunes avec qui « faire la fête » et prendre des drogues dures en plus de l'alcool et du cannabis. Un peu de cocaïne. Des pilules d'ecstasy. Je ne les achète pas : on me fournit gratuitement. J'ai des « amis » généreux. À Chartres, à Châteaudun. Certains auront bientôt vingt ans. On participe ensemble à des raves. On fréquente les technivals[1]. On se défonce en écoutant de la musique. Pas seulement des rythmes techno. Du reggae aussi. Du rap. De toute façon, on finit toutes les soirées de la même façon : par terre, et quelquefois dans nos vomissures.

*
**

Je reviens souvent à Moléans. Ma commune m'attire comme un aimant. Je vais alors rendre visite au maire, Michel Branchet, qui tient fermement sa promesse d'être disponible pour moi quand j'ai besoin de parler. Le dévouement de Michel ! Nos discussions durent des heures. J'aime sa façon de se faire comprendre avec des croquis et des symboles.

Je me rappelle son dessin du château d'eau. Nous avons plusieurs de ces édifices dans la région, entre Moléans et Châteaudun. Michel le reproduit pour moi en quatre coups de crayon, comme un artiste. Tout en haut de la construction se tient un personnage qui tire sur une corde. En bas, accroché à la corde, un second personnage. Ces deux personnages nous représentent, lui et moi. Michel Branchet et

1. Festival de musiques électroniques.

Élodie. Michel, au sommet du château d'eau, essaie de m'élever ; et moi, en bas, je me fais aussi lourde que possible, je résiste de toutes mes forces, je suis un poids terriblement lourd.

Un autre dessin montre un terrain semé de rochers, de pierres de diverses tailles et de petits cailloux. Ces formes symbolisent les obstacles que nous rencontrons les uns et les autres sur le chemin de nos vies. Les petits cailloux, je peux facilement leur rouler dessus avec mon vélo. Les grosses pierres, il faut les contourner. Quant aux rochers, ils nécessitent que l'on fasse venir une grue. Dans tous les cas, l'objectif est de passer, d'aller de l'avant. Mon alcoolisme s'apparente à ces rochers énormes qui exigent une aide importante, un dispositif, un équipement – un effort considérable.

Ces dessins me parlent si efficacement que je les ai encore en mémoire aujourd'hui. Ils m'ont tellement marquée ! Il y a tellement de vérité en eux. Ils sont plus parlants que n'importe quelle leçon de morale.

C'est vraiment un bon moment que d'être avec Michel dans son bureau. Nous discutons comme un maître et son élève. Quelque chose court de lui à moi. Un savoir se transmet. Un message positif. Un horizon possible – au-delà des obstacles innombrables. Ses dessins ressemblent à des bandes dessinées dont je suis l'héroïne.

À la fin, au moment de nous dire au revoir, Michel répète :

– Ma porte est ouverte. C'est quand tu veux.

Puis :

– Au fait, tu as téléphoné au CICAT ?

– Je vais appeler.

Il insiste :

– Fais-le, Élodie. N'attends pas qu'il soit trop tard.

Hélas ! quand je sors de la mairie, après ces longues discussions, je trouve dehors mes « amis » qui m'entraînent dans une nouvelle virée. Et les enseignements de Michel s'estompent peu à peu de mon esprit, à mesure que s'avance la soirée. Ils ne s'estompent pas définitivement, en réalité. Ils sont appelés à laisser des traces en moi. Et même des traces profondes, puisqu'ils me reviennent en mémoire avec une grande netteté quand je repense à cette période de ma vie. Mais dès lors que je m'éloigne avec mes « amis » à la nuit tombante, je sais que le coup de téléphone au CICAT ne sera pas pour aujourd'hui, ni probablement pour demain. Je sais qu'une force négative, meurtrière, va continuer d'agir en moi, emportant les paroles de réconfort, les symboles et les croquis.

*
**

Je respecte le jugement de mes parents, et en même temps je le méprise. Papa est mécontent car je n'ai pas tenu ma promesse de cesser de boire. Mais il y a dans sa déception quelque chose de naïf. Au point où j'en suis, je ne peux tout simplement pas arrêter toute seule ! J'ai besoin d'aide. J'ai besoin de trouver la force de composer le numéro de téléphone de la gendarme Forestier. Je préfère ne pas discuter de ces questions avec papa. Je dis : « Oui, oui, promis, cette fois j'arrête, c'est sûr... » Et le soir même, je me glisse dehors en passant par la fenêtre, pour aller rejoindre ma bande – une rave nous attend.

Mais papa n'est peut-être pas si naïf, après tout. Il fait semblant. En fait, il voit que je suis allée trop loin pour pouvoir revenir toute seule. Quelqu'un doit venir me chercher. Ou du moins me lancer un filin. C'est pourquoi il me propose de l'accompagner à une réunion de l'association Vie libre.

– Tu m'avais promis de venir avec moi. Tu ne te rappelles plus ?

– Si.

J'accepte. Mais au moment de partir, je suis ivre. Je tiens à peine debout. Je dois sentir l'alcool à plein nez. J'accompagne quand même papa à la réunion. Les gens de Vie libre, tous d'anciens buveurs, peuvent mesurer l'étendue du problème. Ils sont gentils avec moi. Je leur dis que je suis venue pour observer, pour voir ce que c'est.

– Pas de problème, Élodie. Observe, écoute. Tu n'as que des amis ici.

*
**

Les semaines filent et je n'ai toujours pas pris mon rendez-vous avec le CICAT pour une consultation en alcoologie.

Michel Branchet a décidé de ne pas insister davantage. Il se contente d'y faire une brève allusion lors de nos rencontres dans son bureau à la mairie. Je pense qu'il veut très fort que la décision vienne de moi, même si elle m'a été suggérée. C'est une chose d'agir de son propre gré, une autre quand on y est poussé par autrui. Lui veut que je décroche le téléphone en vertu d'un choix qui m'est propre.

Élisabeth Forestier, elle, ne lâche pas prise – conformément à son caractère. Elle m'appelle au foyer Marc-Nivet :

– Tu l'as pris, ce rendez-vous ?

– Je vais le faire.

Une fois, de guerre lasse, elle enchaîne en disant :

– Écoute, Élodie. Je te rappelle dans trois jours. Si tu n'as pas pris ton rendez-vous, je le prends à ta place. Compris ?

– Compris.

J'estime que je n'ai plus le choix. De toute façon, je souhaite maintenant entreprendre quelque chose pour m'en sortir. Car je cède désormais à des crises de violence très inquiétantes. Je regarde la télévision et tout à coup quelque chose d'étrange se passe dans ma tête – un phénomène bizarre qui ressemble à un court-circuit. Je vois les éducateurs me lancer des regards anxieux. Je suis blême. Je tremble. On essaie de me faire sortir. Alors, littéralement, je perds la raison. Personne ne parvient plus à me contenir. Je deviens menaçante, impulsive, prête à donner des coups de poing avec une force décuplée. Je perds tout discernement. Tout le monde s'en rend compte et tout le monde a peur. Continuer ainsi est extrêmement dangereux pour moi et pour les autres...

Or, je n'ai jamais rejeté le conseil venu à la fois de Michel et d'Élisabeth. Bien au contraire ! Dans mes phases de lucidité, je vois nettement que je suis parvenue tout au bord de la catastrophe. J'ai même suivi papa à une rencontre de Vie libre. Simplement, le déclic ne se produit pas. Il arrive que l'on soit convaincu d'une chose mais que l'on remette sa réalisation au lendemain. C'est ce que je fais : je remets au lendemain. Je remets depuis des mois ! Mais l'idée est là. Elle se cache dans un coin de ma tête comme la petite maxime de Michel dans mon portefeuille. Je l'ai toujours sur moi. C'est une présence. Un signe que m'adresse l'avenir. Il faut juste trouver le courage de sauter le pas. Fournir le minimum d'effort nécessaire pour dominer la peur.

Et ce courage, je le puise enfin en moi. C'est en mai 2005. Je vais voir les éducateurs et je leur dis que je souhaite prendre rendez-vous pour une consultation en alcoologie. « Une consultation en alcoologie » : le simple fait de prononcer ces mots est déjà une victoire sur la maladie. C'est comme franchir un seuil. Comme accepter une révélation. Les éducateurs m'orientent vers la psychologue du foyer : nous avons un entretien au cours duquel je répète mon intention de prendre contact avec le CICAT. Puis j'ai une autre discussion, cette fois avec Sylvie, mon éducatrice référente.

– Vas-y, dit-elle en me tendant le téléphone.

Je compose moi-même le numéro. On me fixe un rendez-vous sans m'opposer la moindre difficulté.

Un peu plus tard, la gendarme Forestier m'appelle en demandant comme toujours :

– Alors, ce rendez-vous ?

– C'est fait. Je l'ai pris.

Élisabeth raccroche et me rappelle au bout d'une minute :

– J'ai vérifié. Tu as bien pris ton rendez-vous. Bravo !

Elle est soulagée. Et inquiète en même temps. Prendre un rendez-vous, c'est facile. Aller à la consultation, c'est une autre démarche. Sans parler de la suite ! « Consultation » veut dire « diagnostic ». « Diagnostic » veut dire « traitement »... Je me rends compte subitement – mais ne l'ai-je pas toujours su ? – que ce simple coup de fil au CICAT a toutes les chances de m'embarquer dans une série de décisions qui risque de ressembler à un long voyage, à une course d'obstacles... J'ai l'impression que la gendarme Forestier, à l'autre bout de la ligne, devine toutes mes pensées.

– Promets-moi d'aller à ce rendez-vous, Élodie.

– Promis.

– Tu ne me fais pas faux bond ?

– Ne vous faites pas de souci.

Je ne lui fais pas faux bond. Je vais bravement à ma consultation en alcoologie. Enfin, bravement... Avant de partir, je finis toutes mes bouteilles, histoire d'y puiser du courage, et dans l'idée que je ne pourrai peut-être plus toucher à l'alcool – alors autant écluser les restes. Les locaux du CICAT se trouvent non loin du stade. Des jeunes s'entraînent à tirer des buts. Après les avoir observés un moment, je reprends mon chemin. À mon arrivée dans la salle d'attente, je suis toujours ivre – dans un état second, disons. Je regarde les autres personnes : elles sont ivres aussi. À cette minute précise, je ressens une immense lassitude. J'en ai vraiment assez de l'alcool. Ce fardeau insupportable. Ce marécage. J'ai une envie immense de respirer, de bouger – comme ces jeunes que j'ai vus jouer au foot tout à l'heure.

La porte s'ouvre : c'est à mon tour. Le médecin examine mes bras. Ils ne sont pas beaux à voir. Je lui explique que je ne me fais plus d'injection depuis deux mois. Je ne peux plus. C'est devenu trop douloureux. Je me contente de boire et de fumer. Le médecin ne me cache pas son inquiétude :

– Tu ne vas pas tenir longtemps comme ça.

Il secoue la tête. Je comprends que les choses sont vraiment allées très loin. Trop loin, peut-être... Je me demande même, l'espace d'un instant, s'il y a encore quelque chose à faire pour moi. Si je ne suis pas fichue. Si je ne me suis pas détruite à petit feu. Je suis presque surprise d'entendre le médecin me proposer une solution.

– Tu as entendu parler de l'Espéral ?

Il s'agit d'une molécule qui réagit violemment à l'alcool. Boire en étant sous Espéral expose à des désagréments très durs à supporter, comme des nausées, voire des vomissements, des congestions, des malaises. Le produit est tellement fort que l'on ne peut même plus se mettre du parfum sur la peau... Le médecin me laisse partir en disant qu'il veut me revoir deux jours plus tard. Suit une série de rendez-vous.

J'ai mon Espéral au foyer, mais je ne le prends pas. Et je continue à boire. Sylvie, mon éducatrice référente, est désemparée. Elle a beau essayer par tous les moyens de me faire prendre mes cachets, rien n'y fait. Le seuil est trop dur à franchir. Je suis envahie par le doute. Je suis la proie de deux forces contraires qui me déchirent – me soigner, en assumant les efforts qu'implique le traitement, ou continuer à ruiner ma vie et ma santé.

Au terme d'une nouvelle explication avec le médecin, je l'entends me dire :

– On va devoir employer les grands moyens, Élodie.

Ce sera l'hôpital Louis-Pasteur de Chartres.

*
**

Je préviens Michel Branchet. Et Élisabeth Forestier. Tous deux sont contents. Plus que contents, même ! Ils ont le sentiment d'avoir remporté une grande victoire. Leurs efforts n'ont pas été vains. Certes, il y a des cures qui échouent, mais je m'apprête d'ores et déjà à faire un pas immense. Ils ne ménagent pas leurs encouragements. Ils me promettent de venir aux nouvelles. Je sens clairement que je peux continuer à compter sur eux.

Mes parents, en revanche, réagissent de façon paradoxale. Pour eux, mon hospitalisation n'est pas une bonne nouvelle. Ils auraient préféré que j'arrête toute seule, grâce à un effort de volonté, sans autre secours que l'aide de l'association Vie libre. Et voilà que je leur annonce mon hospitalisation ! Nous ne discutons pas longtemps. Je souhaite seulement les informer, les tenir au courant de ce qui se passe.

Les jours suivants me trouvent terriblement anxieuse. Je bois. Je fume. Je me montre irascible. Au foyer, avec les filles, l'ambiance est épouvantable – insultes, disputes, bagarres.

Et soudain, à la veille de rentrer à l'hôpital, je change d'avis. Je ne veux plus me soigner. À quoi bon ? Pour quoi faire ? Ces cures servent-elles seulement à quelque chose ? Combien se sont remis à boire après leur séjour en clinique ? Ivre, je me délecte de ces faux raisonnements et de ces excuses qui sont le pain quotidien des malades alcooliques quand on les place devant leurs responsabilités. Sylvie, paniquée, alerte la chef de service du foyer, qui décide de me conduire elle-même à Louis-Pasteur. Heureuse initiative ! Si elle n'avait pas réagi ainsi, j'aurais définitivement renoncé à mon hospitalisation ; et Dieu sait ce qui se serait produit alors.

*
**

J'ai beau avoir une voisine de chambre, je me sens horriblement seule. Toute seule avec ma perfusion. Personne ne me téléphone. Le reste du monde m'a-t-il abandonnée à mon sort ? Mes proches sont-ils soulagés d'être enfin débarrassés de moi ? Sont-ils devenus indifférents ? Toutes sortes de pensées traversent mon esprit encore étouffé par son brouillard alcoolique, les unes bizarres, les autres désagréables. Peut-être le monde essaie-t-il de me faire comprendre ce qu'est la solitude – ce qui m'attend, autrement dit, si je ne me décide pas à prendre une bonne fois pour toutes le taureau par les cornes.

J'ai l'impression de flotter comme une épave sur un océan désert.

J'apprends en interrogeant les infirmières que les visites me sont interdites pendant cinq jours. Cela explique le silence qui m'entoure. Néanmoins, le téléphone existe toujours, non ? Pourquoi ne m'appelle-t-on pas ? Pourquoi ne prend-on pas de mes nouvelles ? Je suis gagnée par la peur. J'ai du chagrin. La fatigue m'accable. Mes parents finissent par appeler. C'est le troisième jour. Et c'est mon premier coup de fil.

– Comment tu te sens, Élodie ?

– J'ai envie de boire.

– Tiens bon ! Ça va être dur, mais tiens bon !

– Je vais tenir.

– Promis ?

– Promis.

J'ai beau promettre, je sens combien l'épreuve s'annonce difficile, douloureuse physiquement et psychologiquement. Je vais avoir besoin de réunir toutes mes forces si je veux résister à l'appel de la boisson. Et mes forces ne sont pas bien grandes...

Le quatrième jour, je reçois un coup de fil d'Élisabeth. Nous discutons tranquillement. Je ne lui cache pas mes inquiétudes.

– Ne lâche pas prise, Élodie. C'est juste une question de volonté. Je suis sûre que tu es en de bonnes mains.

– On s'occupe bien de moi, oui. Mais la solitude, c'est dur...

– C'est nécessaire. C'est dans la solitude qu'on se retrouve soi-même. Courage !

Même le chef Pozza appelle.

– Tu as regardé le match Nantes-OM, Élodie ?

– Je suis coupée du monde.

– Tu viendras me voir en sortant ? Si tu ne viens pas, c'est moi qui irai te voir...

– Je viendrai, chef. Vous pouvez compter sur moi.

– C'est dur ?

– Très.

– Tu vas t'en sortir.

Je perçois combien Élisabeth et le chef Pozza sont contents, et cette idée me remonte le moral. Je repense à mes visites à la gendarmerie, quand je me présentais en état d'ivresse. À Élisabeth s'apercevant que je tremblais comme une feuille. À mes idées de suicide quand je fixais des yeux son arme de service. Je revois aussi le film de ma dispute avec le chef Pozza, quand je lui avais tenu des propos si grossiers... Et il me semble tout à coup que la situation a complètement changé. Je ne suis plus la même. Rien n'est comme avant.

Le dimanche, papa, maman et ma sœur Annabelle me rendent visite. Chose étrange, papa s'adresse à moi comme si de rien n'était, comme si sa fille n'était pas à l'hôpital en train de subir un douloureux sevrage. Mais il ne montre pas trop la déception que je lui inspire. Il se contente de me demander comment je vais. J'imagine qu'il est perdu. Il ne sait pas trop comment réagir. Il se demande sans doute s'il a encore un rôle à jouer dans cette affaire. Il finit par renouveler cette proposition qu'il me fait depuis Noël chaque fois que les choses prennent une vilaine tournure :

– Tu veux recevoir la visite de personnes de Vie libre, Élodie ?

Il essaie d'intervenir dans la résolution de mon problème. Mais pour le moment je suis très loin de m'imaginer discutant avec des militants de Vie libre. Je suis dans ma chambre d'hôpital, sous perfusion, épuisée.

– On verra, papa.

Maman est désemparée aussi. Ma sœur Annabelle m'encourage gentiment. Mais c'est à peine si je réagis à leur présence. Je lutte pour ne pas m'endormir. Je suis exténuée par ma cure. Et par le manque.

*
**

Comme je l'ai dit à Élisabeth, je suis bien soignée à Louis-Pasteur.

Les infirmières, au début, ne me cachent pas leur surprise :

– Comme tu es jeune !

Elles n'en croient pas leurs yeux. Est-ce qu'il n'y a pas erreur ? Non, il n'y a aucune erreur. J'ai quinze ans et je suis en cure.

Aujourd'hui, au XXIe siècle, il y a des filles de quinze ans qui font des cures de sevrage. Autrefois, les filles de quinze ans allaient au lycée, discutaient interminablement au téléphone avec leur meilleure amie, tombaient amoureuses, avaient du chagrin, se lançaient avec leurs parents dans des disputes sans conséquences... Désormais elles boivent – pas toutes, mais un trop grand nombre d'entre elles. Une bouteille de vodka par jour. Voire plus ! Comme elles, j'ai détruit ma scolarité. Je n'ai pas de relations avec les gens de mon âge en dehors des beuveries et des bagarres. J'ai levé la main sur ma mère, sur ma sœur... D'où ma présence à Louis-Pasteur. C'est peut-être étonnant, mais c'est ainsi. D'ailleurs, les infirmières ne s'alarment pas seulement de mon jeune âge. Mon état aussi les effraie. Je vois bien qu'elles se demandent si je vais pouvoir m'en sortir. Mon organisme et mon système nerveux sont complètement dégradés. Je tremble tellement que je n'arrive pas à garder mon bol de café entre mes mains. J'en renverse partout. Je suis pitoyable, comme un vieil oiseau foutu. Ma voisine de chambre en est épouvantée. Elle a même peur de moi, tant je suis à cran.

Heureusement, je peux dormir, ce qui me permet d'oublier les angoisses et le manque. D'ailleurs, je dors presque toute la journée. Je ne me nourris presque pas – je laisse la perfusion m'alimenter.

Le médecin responsable du service n'est pas commode. Le matin, il entre dans la chambre en lançant :

– Réveille-toi !

Il n'y a aucune méchanceté dans son attitude. Le traitement exige une certaine brusquerie, et de l'autorité, ne serait-ce que pour faire réagir le patient. Et je réagis ! Je lui fais comprendre que je n'aime pas que l'on s'adresse à moi sur ce ton. Mais c'est peine perdue. Il ne va pas changer de méthode pour mes beaux yeux. Ni renoncer à son tempérament bourru. Et puis, s'il me bouscule un peu, il reste toujours bienveillant. Il sait que je suis en manque, et combien c'est une expérience épuisante. Il me fait tendre les mains pour étudier mes tremblements. Il contrôle mes réflexes. Il surveille mes réactions. Il me regarde droit dans les yeux. Je ne sais pas s'il est aussi inquiet que les infirmières. Si c'est le cas, il n'en laisse rien paraître.

*
**

Dix ou douze jours après mon arrivée à Louis-Pasteur, je vis la nuit. Durant la journée, je dors la plupart du temps. Le soir, je m'éclipse de ma chambre. J'essaie de me distraire, de faire des rencontres, de trouver des endroits où fumer. J'ai la permission d'aller griller une cigarette devant l'hôpital. Et j'en grille plusieurs, bien entendu.

Un soir, j'aperçois une bande de jeunes sur le parking. Ils boivent, cachés derrière les voitures en stationnement. Ils ont l'air de bien s'amuser. Moi, cela fait douze jours que je n'ai pas pris un peu de bon temps. Douze jours que je vis face à moi-même, face à mon problème, dans la souffrance, l'angoisse et la frustration. Après une cigarette ou deux, je m'approche de ces jeunes, tranquillement, les mains enfoncées dans les poches de mon jean. Ils ressemblent terriblement aux garçons et aux filles que j'ai pris l'habitude de fréquenter depuis trois ans. Je sais au premier coup d'œil que la prise de contact sera facile. Nous parlons le même langage, c'est évident. Je m'en rends compte rien qu'en écoutant leurs propos et leurs plaisanteries. La conversation se noue aussitôt. Ils me demandent ce que je fais « dans cet hosto ». Je réponds que je suis un traitement. Je leur dis le pourquoi de mon hospitalisation. Ils ne semblent pas embarrassés. Intéressés plutôt. Je vois que je leur inspire une certaine curiosité. L'histoire des injections d'alcool directement dans les veines éveille leur attention. On rigole un peu. On fume. Puis je leur demande s'ils n'ont pas un peu d'alcool pour moi.

– Tu as envie de savoir si tu tiens toujours la boisson ? dit l'un d'eux.

– Oui. J'aimerais bien savoir.

Il leur reste de la bière et de la vodka. Ils m'en donnent. Je bois avec eux. Je m'enivre très vite. À cause du sevrage, j'imagine. Le poison débarque dans un organisme propre, ce qui multiplie les effets. Je commence à avoir le tournis. Mes jambes se dérobent. Mais je suis gaie, joyeuse. Je rigole. La fête se prolonge. Nous ne nous éloignons pas du parking de l'hôpital. Puis mes nouveaux copains partent. Il n'y a plus rien à boire. Il faut qu'ils aillent en ville se procurer de l'alcool.

Je me retrouve seule. Ivre. À la porte de cet établissement où je viens de subir douze jours de soins et de traitements sans avaler une goutte d'alcool. Il faut maintenant que je retourne dans ma chambre. J'entre dans l'hôpital en titubant. Quel était le numéro de ma chambre, déjà ? Je ne me rappelle plus. Ni l'étage. La même scène se répète. Le cycle recommence. On boit, on est ivre, on s'amuse un peu – et tout à coup on ne sait plus où on habite. C'est l'heure de rentrer au bercail. En se cognant aux murs. En manquant de s'écrouler par terre. Errant d'un couloir à l'autre, je me concentre sur le chiffre 10. Le numéro de ma chambre finit par un 10. Enfin, il me semble. Je n'en suis pas sûre à cent pour cent. Je suis exténuée quand je m'arrête devant la 510. Je reste de longues minutes à fixer ce chiffre d'un œil hypnotique, comme s'il figurait l'énigme de mon existence. J'entre. C'est bien ma chambre. Je me laisse tomber sur le lit. Je m'endors.

Le lendemain, les aides-soignantes comprennent tout de suite quel est le problème. L'odeur de l'alcool flotte dans la pièce. Elles ne me disent rien. Mais le médecin est prévenu. Il arrive en criant :

– Réveille-toi !

C'est l'horreur. Il est furieux. Hors de lui. Que j'aie pu faire un tel gâchis après tous ces efforts, c'est impensable ! J'avoue que je n'en mène pas large. Ma chambre est passée au peigne fin. On fouille mon sac. Aucune bouteille ne s'y cache. Je raconte tout à l'infirmière : je suis descendue fumer une cigarette, j'ai rencontré des jeunes sur le parking, j'ai bu avec eux.

– Ne recommence pas, Élodie.

Je ne recommence pas. Je poursuis ma cure.

Ma sœur Sonia vient me voir avec son fiancé. Elle a apporté des œufs en chocolat. J'essaie de les ouvrir, de monter les petits jouets – impossible, évidemment. Je tremble toujours. Je mange peu. Je dors mal. Je rumine des idées noires. Je suis nerveuse, irritable. De temps en temps, je vomis. Je ne suis pas guérie. Ni physiquement ni psychologiquement, comme l'a prouvé l'incident sur le parking. Mais est-on jamais guéri quand on est alcoolique ? Cette question commence à me tarauder.

Le vingtième jour, j'apprends que ma cure est terminée. C'est le médecin lui-même qui vient m'en informer. Nous ne reparlons pas de l'incident. Pour lui, tout va bien. Je suis sevrée et retapée. Je peux sortir le jour même. Je tourne la tête vers la fenêtre. Il pleut. Le ciel est noir, sans lumière. Il fait un temps cafardeux. Je regarde le médecin et je lui dis non.

– Non quoi ?

– Je n'ai pas envie de sortir aujourd'hui.

– Pourquoi ? Tu te trouves si bien que ça à l'hôpital ?

C'est vrai que je ne m'y trouve pas trop mal. Mais surtout, le retour dans le monde me fait peur. Qui me protégera une fois dehors ? Il a suffi que je rencontre une bande de jeunes sur le parking pour que tout recommence...

– Et demain ? reprend le médecin. Tu auras envie, demain ?

– Peut-être.

– C'est toi qui vois. Il faut que tu te sentes prête. D'accord ? Tu réfléchis ?

– D'accord, docteur.

Je passe le reste de la journée à essayer d'anticiper la suite. Sortir, c'est bien, mais pour aller où ? Et pour quoi faire ? Dans l'esprit de mes parents, sortir de l'hôpital veut dire retourner au foyer Marc-Nivet. Sauf que le foyer n'est pas la solution idéale. Les tentations y sont nombreuses, les fréquentations, pas franchement saines. En ce qui me concerne, j'ai très envie de rentrer chez moi à Moléans. De retrouver ma maison, mon univers familier. Ma rivière, le vieux pont, le château, le Petit-Lourdes. En même temps, je comprends le point de vue de papa et maman. Comment occuperai-je mes journées à Moléans ? Il n'y a rien dans ma commune pour me permettre d'étudier, de m'instruire, de préparer mon avenir. Pire, il y a à Moléans des jeunes qui seront ravis de me revoir, de me proposer de l'alcool et du cannabis. Alors que faire ? Le mauvais temps n'est pas le seul motif de mes réticences à quitter Louis-

Pasteur. Le fait d'être sevrée ne signifie pas que j'ai vaincu mes démons. Je sais qu'ils risquent de se réveiller dès que je serai dehors.

Le lendemain matin, le docteur entre dans ma chambre, flanqué de la psychologue du service.

– Alors, Élodie, tu es prête à sortir ?

Je n'ai pas encore regardé le ciel. Je tourne la tête vers la fenêtre. La psychologue écarte gentiment le rideau. Cette fois, le temps est printanier. Le ciel est bleu. On entend même chanter les oiseaux dans les arbres.

– Je suis prête.

– Sûre ?

Je n'ose pas lui dire que je ressens encore une pointe d'hésitation. Mais à quoi bon repousser une sortie de toute façon inéluctable ? Je ne vais pas rester à l'hôpital toute ma vie ! Je rassemble mon courage et lui dis :

– Sûre, docteur.

– Je vais appeler ta mère pour qu'elle vienne te chercher, dit la psychologue.

Le docteur me tend la main.

– Au revoir, Élodie.

– Au revoir, docteur.

– Bon vent !

– Merci.

– 9 –

Je me remets à boire dès mon retour au foyer Marc-Nivet. C'est la rechute. La dégringolade complète. Une véritable descente aux enfers. Vingt jours d'efforts balayés en l'espace de quelques heures ! Quand j'y repense, je suis hallucinée. Hallucinée par la puissance de l'alcool. Par son attrait foudroyant.

Certes, il y a au foyer des éducateurs pour s'occuper de moi, pour rechercher des solutions et pour comprendre que j'ai fourni un gros effort sur moi-même en acceptant de subir cette cure. Mais leur propre volonté est impuissante face à la déferlante des tentations. Tout recommence comme avant : les disputes et les bagarres avec les autres filles, les virées avec mes camarades de beuverie à Chartres ou à Châteaudun, les cigarettes de cannabis. Dans ma propre commune, à Moléans, on n'attend que mon retour pour m'inciter de nouveau à boire et à fumer.

Peut-être aurais-je dû partir sur une île déserte à ma sortie de Louis-Pasteur ! J'ai retrouvé ce monde qui depuis toujours m'est familier et symbolise désormais mes expériences alcooliques et toxicologiques. Ces villes et cette campagne où j'ai tous mes repères – les lieux de rencontre, les carrefours non surveillés par la police, les commerces où se procurer de la vodka et de la bière, les angles d'immeubles où acheter de l'herbe, mon propre village avec ses maisons à l'abandon, sa rivière et les trous dans les rochers du Petit-Lourdes.

Cet été-là est plein de folie et de noirceur. J'ai seize ans. Maman m'accompagne en voiture jusqu'à Châteaudun pour une consultation chez le Dr Garibal, un praticien qui me connaît bien, un homme à la barbe fournie, capable d'être drôle et colérique à la fois, toujours dévoué, très psychologue – un diplomate né. Il essaie de me parler. Puis il m'incendie. Il s'efforce de me faire réagir par tous les moyens.

– Tu te rends compte que tu as suivi une cure, Élodie ?

– Oui.

– Tu as vu l'état dans lequel tu es ?

Il est furieux. Et moi, je suis aussi désespérée que lui. Ses conseils, ses mises en garde et ses admonestations ne servent à rien. Je suis entrée ivre dans son cabinet. À l'issue de l'examen, je remonterai sur mon vélo et j'irai rejoindre en ville une bande de copains avec lesquels je recommencerai à boire. La virée finira peut-être en bagarre. L'un d'entre nous fera peut-être un coma éthylique. Et personne, peut-être, n'aura la présence d'esprit, voire la simple volonté d'appeler une ambulance, les pompiers, la police...

J'ai une cure derrière moi. Et mon existence est plus que jamais un naufrage.

Mais j'imagine qu'une étincelle de vie doit briller quelque part, comme un phare lointain, derrière les embruns de mes tourments. En effet, je suis attirée par Vie libre, cette association de lutte contre l'alcool qui forme comme un cercle autour de notre univers familial, et à l'intérieur de laquelle papa n'a cessé de vouloir m'attirer. Les militants de Vie libre, je les vois à la maison depuis que je suis petite. Nous allons à leurs barbecues le week-end, à leurs rencontres à la salle des fêtes ; je n'ignore pas que de nombreux anciens buveurs sont prêts à m'aider, à m'écouter, à essayer de me comprendre sans me juger. C'est pourquoi sans doute je me rends de temps en temps à la permanence de Vie libre à Châteaudun. Je ne suis même pas sûre de savoir ce que je viens y chercher. Et même si j'y cherche quelque chose. Je viens, voilà tout. Je discute avec les uns et les autres. Le lieu me procure une forme de vague apaisement. Ce local est un des rares repères positifs existant encore dans ma vie dévastée.

Un jour que je fume un joint à l'entrée de la salle, sur les marches du perron, je vois arriver un homme que je ne connais pas. Il n'est pas spécialement costaud, mais plutôt nerveux, énergique. Il a un visage intelligent et, dans la démarche, quelque chose de sportif et de militaire. On comprend au premier coup d'œil que le personnage est du genre à s'exprimer par des actes plutôt que par des discours. Manifestement, il fait partie de l'association Vie libre. Quand je vois qu'il s'arrête à ma hauteur sur l'escalier du perron, je pense qu'il va me dire quelque chose. Me saluer, peut-être. Mais non. Il m'arrache mon joint. Le jette par terre. Et l'écrase longuement avec la pointe de sa chaussure. Cette provocation me vexe au-delà de tout. Je suis humiliée. Un inconnu jailli de nulle part qui se permet de me piquer ma cigarette de cannabis et de l'écraser comme si c'était un déchet ! J'en connais qui se sont pris un bon coup de boule pour moins que ça ! Mais ce gars-là n'est pas un gamin de mon âge. Ni même un homme jeune. Il a la cinquantaine. Et il dégage une énergie impressionnante. Une autorité hors du commun, dirais-je. Je le regarde droit dans les yeux, en me demandant comment je dois réagir. Il ne me laisse pas réfléchir longtemps. Il me colle une gifle magistrale ! Il n'a toujours pas prononcé un mot. Pas fourni d'autres explications que ces gestes consistant l'un à m'arracher mon joint et l'autre à m'expédier littéralement au tapis. Encore étourdie, j'enfourche mon vélo. Je pédale en zigzaguant. Sans trop savoir où je vais. Il se passe quelque chose en moi, mais je suis incapable de mettre des mots sur ce que je ressens. Comme toujours quand j'ai besoin de puiser du courage, je vais acheter de l'alcool. Je bois. J'enfourche de nouveau mon vélo. Et je reviens au local de Vie libre. J'entre. Mon inconnu est toujours là. Je me dirige vers lui en disant :

– Je pourrais te parler ?

– Pourquoi pas ?

Il n'exprime aucune hostilité, plutôt une sorte de satisfaction secrète. Je lui demande une cigarette. Il sort son paquet volontiers, en répondant :

– Allons en griller une dehors.

Il s'appelle Pierre Fournier – Pierrot, pour les amis.

– Alors ? De quoi voulais-tu me parler ?

Comme avec Élisabeth Forestier, comme avec le chef Pozza, comme avec Michel Branchet, je me sens en confiance. J'ai l'impression d'être face à un interlocuteur capable de m'écouter sans me juger, mais sans être dupe non plus. Face à quelqu'un qui peut m'offrir un soutien, un secours, à condition que j'y mette du mien. Mais quelque chose a changé depuis mes discussions avec Élisabeth et Michel. J'ai fait une cure de vingt jours à l'hôpital. Désormais, je sais que j'ai en moi la force de résister à la boisson, pour peu que les conditions s'y prêtent. C'est un peu comme dans une activité sportive : quand on a réussi une épreuve, on sait qu'on pourra la refaire.

Ce jour-là, devant le local de Vie libre, je raconte tout à Pierrot. Tout depuis le début. Ma première expérience avec la bière quand j'étais en sixième au collège Anatole-France, mes beuveries innombrables, mes réactions violentes quand mon sang n'avait pas ses grammes d'alcool, mon placement en foyer, les injections, la cure, et évidemment l'incident sur le parking de l'hôpital.

– Depuis que je suis sortie, je bois. Je n'arrête pas.

– Quelqu'un te suit ?

– J'ai le Dr Garibal. Mais il ne sait plus quoi faire.

– C'est à toi de faire.

– Je sais bien.

– Il faut que tu arrêtes. Tout de suite.

– Toute seule, je n'y arrive pas.

– Je vais t'aider, Élodie. Tu peux compter sur moi.

Tout à l'heure, il m'a arraché mon joint et giflée. Maintenant, il m'offre son aide. Impressionnée, je hasarde une question :

– Vous allez vous y prendre comment ?

– Je vais m'occuper de toi.

Il ajoute :

– À Vie libre, chaque personne s'occupe de quelqu'un. Mais il y a une chose qu'il faut que tu saches.

– Quoi ?

– Ne te fous pas de ma gueule.

Je suis interloquée.

– Parce qu'avec moi ça ne marche pas.

– C'est-à-dire ?

– C'est-à-dire que si tu décides de ne pas boire, alors tu ne bois pas. Sinon...

– Sinon ?

– Sinon tu verras.

Décidément, ce Pierre Fournier m'intrigue ! Il a l'air plein de ressources.

– Tu fais quoi dans la vie ?

Il me répond qu'il est militaire à la retraite. Qu'il a beaucoup pratiqué les sports de combat. Et qu'il a lui-même énormément souffert de son problème d'alcool. Mais il a la chance d'avoir une fille qui l'a aidé. Non pas en étant particulièrement gentille avec lui ! En le plaçant devant ses responsabilités plutôt. Alors qu'elle attendait un bébé, elle lui a lâché du tac au tac : « Si tu veux tenir un jour ton petit-fils dans tes bras, tu arrêtes la boisson ! » Pierrot a compris le message. Il n'a pas eu besoin de se le faire répéter. Il a arrêté. Et il n'a plus retouché à l'alcool. Aujourd'hui, il aide les autres à s'en sortir dans le cadre de Vie libre.

– Qu'est-ce que tu voudrais faire plus tard, Élodie ?

– Je ne sais pas encore trop. Peut-être gendarme...

– Si tu veux devenir gendarme, il faudra arrêter l'alcool. Les gendarmeries, ce n'est pas fait pour boire l'apéro.

– Je sais bien.

Il me répète :

– Je vais te prendre en charge. Tu peux y arriver. La preuve, tu as tenu vingt jours à Louis-Pasteur...

– Sauf l'incident sur le parking...

– Ça, il ne faut pas que ça se reproduise. Sois forte. Aie confiance en toi. Tu n'es pas seule.

C'est vrai. J'ai déjà trois piliers sur lesquels m'appuyer : la gendarme Forestier, le chef Pozza, et

Michel Branchet, le maire de Moléans. J'hérite maintenant d'un quatrième : Pierre Fournier.

*
**

Mais impossible de respecter ma bonne résolution. Que ce soit au foyer Marc-Nivet ou à la maison, je suis toujours sous l'emprise de la boisson ; la consommation d'alcool et de cannabis représente pratiquement ma seule activité.

Quelque temps après cette discussion, Pierrot me rend visite chez mes parents. Je suis sur le point de sortir pour aller à la mairie où m'attend Michel Branchet. Je suis éméchée. J'ai des mignonnettes de whisky et de vodka dans les poches de mon survêtement. Pierrot voit tout de suite que je ne suis pas « à jeun », comme disait la gendarme Forestier. Mais il ne se met pas en colère. Il me propose seulement de m'accompagner.

La discussion dans le bureau du maire ne dure pas moins de trois heures. Michel et Pierrot me font la morale – Michel, surtout, car Pierrot, comme je l'ai précisé, n'est pas très porté sur les grands discours. À un moment, Michel me demande si j'ai toujours dans mon portefeuille le bout de papier plié en quatre où s'inscrit sa fameuse maxime : « Choisir, c'est renoncer. » J'ouvre mon portefeuille. Le papier est là, comme une amulette. Je le montre à Pierrot, qui hoche la tête – il est bien d'accord avec la formule.

Michel se dit catastrophé par les suites de mon sevrage. Vingt jours d'hôpital, et rien de changé ! Quel gâchis ! Pour lui, je dois absolument rencontrer un psy, faire un travail sur moi-même, approfondir les raisons qui me poussent à cette espèce de lent et terrible suicide. Le mot « suicide » me fait mal. Parce qu'il contient sa part de vérité. Je me rappelle la fascination exercée sur moi par l'arme de poing de la gendarme Forestier...

Je me lève et quitte le bureau sans même dire au revoir. Je passe devant la secrétaire sans la saluer elle non plus. Je marche sans but. Je suis morose, déprimée, maussade. À présent, j'en veux à Michel et à Pierrot. Cette discussion à trois ne m'a pas aidée. Elle n'a fait que m'enfoncer davantage. J'en ai assez. Par-dessus la tête. Mes pas, tout naturellement, me conduisent à la Conie, la paisible rivière qui traverse notre commune et qui a l'air de m'attirer comme un endroit où en finir. Suis-je arrivée au terminus de ma vie ? Est-ce là que l'alcool m'a amenée ? Tournant le dos au vieux pont, je longe le cours d'eau à grandes enjambées. D'instinct, je me dirige vers une de mes planques, un arbre sous les racines duquel j'ai ma bourriche contenant des réserves d'alcool. Je tire sur la corde. La bourriche apparaît en ruisselant. J'y prends une bouteille de vodka. Je remets la bourriche à l'eau. Assise au bord de la rivière, je commence à boire. Je contemple sans les voir les remous de la rivière. Mais un bruit derrière moi attire mon attention. Je me retourne pour voir une silhouette venir dans ma direction. C'est Pierre Fournier. Il m'a suivie depuis la mairie, ou cherchée. Le village n'est pas grand, de toute façon. Vite, je cache la bouteille de vodka sous les herbes. L'instant d'après, Pierrot est devant moi.

– Je ne t'avais pas dit de ne pas te foutre de ma gueule, Élodie ?

Il est furieux. Le souvenir de la gifle magistrale qu'il m'a collée quelques jours plus tôt, à l'entrée du local de Vie libre me visite brièvement. Je suis crispée. Je n'en mène pas large. C'est à peine si j'ai le temps de me rendre compte de ce qui se passe : il m'attrape par le petit doigt et le tord si violemment que j'en tombe à genoux de douleur. Je me sens épuisée et vaincue. Incapable de répliquer. Comme si j'avais trouvé mon maître.

– Maintenant, Élodie, écoute-moi bien, reprend Pierrot. Je vais te ramener chez toi. Quand tu seras dégrisée, tu passeras au local de Vie libre. Compris ?

– Compris.

Je frotte dans ma paume mon petit doigt douloureux. Pierrot me fait monter dans sa voiture et me ramène à la maison.

*
**

Après une douche et pas mal de café, je prends à vélo la direction de Châteaudun. Je suis très impressionnée par l'attitude de Pierrot, par sa façon de s'impliquer dans ma lutte, par son autorité. En un sens, je me sens mieux. Comme si un déclic s'était produit. Debout sur mes pédales, je me répète :

– Cette fois, tu arrêtes pour de bon !

À l'entrée du local, j'appuie ma bicyclette contre l'escalier du perron. L'instant d'après, je suis surprise de trouver tant de monde à la permanence. Sont présents, outre Pierrot, Patrick Pardessus et le couple Lorcy, Jacques et Sylvie. Tous ces militants réunis en mon honneur ! Aucun visage n'exprime le moindre reproche. Je pensais affronter des remontrances et des accusations, or c'est tout le contraire. L'atmosphère est paisible et gaie, pleine d'espoir. Je sens tout de suite que ces gens qui m'attendent ont résolu de tourner leurs regards vers mon avenir plutôt que vers un passé émaillé de beuveries, de rechutes et de bêtises.

Je salue tout le monde, on me répond par des sourires. Je commence à bavarder avec Jacques et Sylvie Lorcy. Tous deux sont des modèles de courage. Et ils sont la preuve vivante qu'il est possible de vivre heureux et gai sans avoir besoin d'alcool. Je les connais de longue date puisqu'ils comptent parmi les amis de papa et maman. Ce sont des personnes enjouées, sympathiques, qui ont toujours le sourire aux lèvres et adorent plaisanter. Avoir Sylvie et Jacques Lorcy un dimanche à la maison, c'est l'assurance de ne pas s'ennuyer ! Ce jour-là, je remarque que Jacques porte une petite boucle d'oreille spéciale, en forme de coquille Saint-Jacques, indiquant qu'il est adepte du pèlerinage à Saint-Jacques-de-Compostelle, un très long voyage à pied qui met à l'épreuve la volonté individuelle et l'aptitude à tirer parti des rencontres humaines. Ce pèlerinage est une promesse qu'il a faite à sa mère et, comme il aime à le rappeler avec un sourire entendu : « Compostelle, quand tu l'as fait une fois, tu n'as qu'une envie, recommencer. » Il a fait la connaissance de Sylvie alors que celle-ci était déjà veuve, mère de deux enfants, et ancienne buveuse. Ils se sont mis ensemble pour le meilleur plutôt que pour le pire ; et leur union est à mes yeux un modèle d'entente et de gaieté. Sylvie est trésorière de la section. Jacques, fin connaisseur de la maladie alcoolique, consacre tout son temps à la prévention.

Au bout d'un moment, Sylvie décide de me prendre à part, ce qui me fait plaisir. J'ai beaucoup d'amitié pour elle, même si je ne me suis jamais donné la peine de le lui dire. En fait, je l'ai baptisée intérieurement « la Déconneuse » – un compliment dans ma bouche. Alors que je m'éloigne avec elle, la pensée me visite pour la première fois que l'alcool n'est finalement pas une denrée nécessaire dans la conquête du plaisir, de l'amitié, de la force. Dans la conquête de soi-même. À tous égards, l'alcool est même l'ennemi. L'alcool fait du buveur un être sans affection, sans mémoire ni goût de vivre.

– Tu sais, me dit Sylvie, moi aussi, j'ai bu étant jeune.

– Je sais.

Elle m'explique qu'une malade alcoolique ne peut jamais être considérée comme définitivement « guérie ».

– Tu goûtes un bonbon à la liqueur, ça suffit pour te faire repiquer.

– Je sais ça aussi.

– Il faut s'accrocher, c'est tout. C'est un combat. Mais ce combat est un trésor. Je sais ce que tu as ressenti après ta cure. Pendant les premiers mois, on est fragile. Très fragile. La déprime. Le cafard. Alors la bouteille n'est pas loin...

C'est vrai que je suis sortie de Louis-Pasteur retapée physiquement, moins abîmée, moins tremblante, plus lucide ; mais cela ne veut pas dire que je suis forte psychologiquement, autrement dit que j'ai rompu avec l'équation « être forte égale tenir l'alcool ». J'ai débarqué au foyer Marc-Nivet aussi vulnérable qu'une proie. Pleine de peurs et d'angoisses. C'est pourquoi je n'ai pu résister plus de quelques heures à la tentation – tout en sachant que le fait de retoucher à la boisson était une tragique erreur.

– Les autres sont durs, poursuit Sylvie. Ils te tentent. Ils te poussent à boire. « Allez, rien qu'un verre ! Ça ne peut pas faire de mal ! » Et toi, tu sais que le premier verre, c'est le début de la fin. Alors il faut résister.

– Toute seule, ce n'est pas facile.

– Tu n'es pas toute seule, Élodie. Personne ne peut tenir sans l'aide des autres. On est là. Avec toi. On passe de bons moments ensemble. On organise des barbecues. On se rend utile...

Mais Sylvie ne m'a pas prise à part pour me répéter ce que je sais déjà. Son idée est de me mettre en garde une dernière fois. Oui, une dernière fois : il est grand temps désormais de tirer le signal d'alarme, de braquer enfin le projecteur sur moi. Après m'avoir regardée un long moment dans les yeux, elle reprend :

– Tu sais, le vrai problème, c'est que si tu continues de boire, tu vas mourir. Tout simplement. Tu vas mourir bientôt. Très bientôt. Non seulement ta vie sera foutue, mais toi aussi. Ton corps sera foutu. Ton esprit sera foutu. Tu auras tout perdu. Sans avoir rien gagné.

Elle soupire ; elle voit que ses paroles ont tapé dans le mille. Car je pleure. Je pleure à chaudes larmes. Sylvie la Déconneuse ! L'amie qui aime tellement faire rire la compagnie et animer les soirées ! Voilà qu'elle a réussi à me faire fondre en larmes...

– Tu crois que j'ai envie de venir à ton enterrement, Élodie ? Toi que j'ai connue bébé ?

Toujours en larmes, je m'éloigne. Je gagne la pièce voisine. Je m'effondre contre une armoire. Et je continue de sangloter un long moment. J'ai devant les yeux l'image de ma déchéance, puis de ma mort, et cette vision m'est insupportable. Alors je pleure. Je verse des litres de larmes. Comme on se vide d'un flot de désespoir. Quand je relève les yeux, je vois dans une sorte de brouillard que Pierrot s'approche. Il s'assied près de moi. On reparle de cette gifle qu'il m'a flanquée sur le perron, après m'avoir arraché mon joint.

– La règle, Élodie, c'est qu'on ne vient pas à Vie libre en ayant bu.

Il ajoute après un silence :

– C'est une provocation de venir ici en ayant bu. Les gens qui viennent au local font un effort énorme, et ton devoir, c'est de les respecter.

Et enfin :

– Chaque fois que tu viendras ici en ayant bu, Élodie, tu t'en prendras une.

– Je risque d'en prendre pas mal...

Il m'interrompt :

– Tu n'en prendras aucune, parce que tu vas arrêter la boisson ! C'est compris ?

D'abord je ne réponds pas. Puis je dis :

– Je peux te piquer une cigarette ?

Il me laisse gentiment en tirer une de son paquet. Je vais la fumer dehors, sur le perron. Là, d'autres militants viennent me parler. Ils m'expliquent les risques que j'encours si je ne me décide pas à arrêter une fois pour toutes. C'est le même discours que celui de Sylvie, mais avec d'autres mots. Ils ont dû se répartir les rôles. Leur vocabulaire à eux est plus technique, plus précis. Leurs informations médicales sont si crues qu'elles donnent la chair de poule. Tant de cancers sont provoqués par l'alcool ! Sans parler des autres maladies. Les dents qui pourrissent. Le foie qui ne fonctionne plus. Le cerveau qui s'éteint comme un vieil ordinateur en bout de course... J'écoute la leçon jusqu'au bout. À la fin, je suis vidée. Je suis sur le point de partir quand Pierrot nous rejoint. Comme je me dirige vers mon vélo, il me lance :

– Je ne te lâcherai pas, Élodie !

J'aime cette phrase qui peut s'interpréter à la fois comme une menace et comme une marque d'affection.

*
**

En effet, il ne me lâche pas. Il veille sur moi. Pierrot est devenu mon ange gardien. Au foyer Marc-Nivet, j'ai parlé de lui aux éducateurs en le leur présentant comme mon oncle, sans quoi ils m'auraient empêchée de lui téléphoner. Or, j'ai besoin de l'avoir au bout du fil. De sentir sa présence rassurante. Quand je ne suis pas au foyer, il vient me voir à la maison. Il s'inquiète de savoir si je suis allé voir mon médecin – le Dr Garibal ou celui qui me suit toujours au CICAT. Si je prends bien mes médicaments – mon Espéral pour ne pas boire, mon Tercian pour me calmer les nerfs. On va ensemble à Châteaudun. On passe à la permanence de Vie libre. Les militants de l'association ont compris que j'ai besoin d'un interlocuteur particulier. Ils sentent que je suis vite mal à l'aise quand trop de monde se presse autour de moi. Même si leur présence me fait du bien, je réclame une attention plus personnelle. Et Pierrot joue ce rôle à merveille.

Quelquefois, je me révolte contre lui. Il m'arrive même d'essayer de le frapper. Mais c'est peine perdue. Je ne fais pas le poids. Comme je l'ai dit, Pierrot connaît toutes les techniques de combat. Il est robuste, déterminé, pugnace. Il est fort. Alors qu'il ne boit pas. Je sens confusément qu'il représente déjà une sorte de modèle. Qui sait si je n'arriverai pas à puiser un jour, moi aussi, ma force non dans la boisson mais dans l'abstinence ? Tout comme lui. Lui qui si souvent en a assez de mes rechutes. De mes défaillances. Pour moi, la période est épouvantable. Ne plus boire exige un effort surhumain. La frustration excite mon agressivité. Le manque m'épuise. Heureusement, Pierrot est là. Pour m'aider à tenir bon. À faire l'effort d'aller mieux, de sourire, de m'habiller correctement, de venir à la permanence sans empester l'alcool. Mais si je ne bois plus, je continue de fumer du cannabis, preuve que tout n'est pas résolu.

Un jour, je parle de ce problème au maire.

– Va voir une psychologue...

– J'en ai déjà vu dix !

Chaque fois, je suis partie en claquant la porte.

– Et si cette fois c'était la bonne, Élodie ? Tu n'es plus tout à fait la même. Il y a eu du changement dans ta vie...

Je me dis que Michel n'a peut-être pas tort – comme d'habitude. Aidée de Pierrot, je prends rendez-vous avec la psychologue du CICAT. Et ça fonctionne. Je ne pars pas en claquant la porte. Au contraire, j'arrive avec elle à parler de tout : de mes parents, de ma déchéance, de mes efforts, des amis de Vie libre qui tous ne demandent qu'à me soutenir, de ce que représentent pour moi des figures comme Élisabeth Forestier ou Pierre Fournier.

– Tu es entourée, souligne-t-elle doucement.

Oui, je suis entourée. J'ai une nouvelle famille, en quelque sorte. Pourtant, je ne puis dire que je suis heureuse. Ni équilibrée. Je ne puis dire que je me sens bien. Certes, je suis appréciée désormais. Et pas parce que je sais boire ! Je suis appréciée par des gens capables de s'intéresser à mes vraies qualités et de me manifester de la fraternité. Avec mes amis de Vie libre, les réunions ne se finissent pas en bagarre ! Cependant, je ne suis pas encore heureuse. Je n'ai pas trouvé ma voie. Je continue de vivre à Chartres au foyer Marc-Nivet, tout en suivant les cours de l'Institution Notre-Dame. Mais je ne me sens plus à ma place là-bas. Suis-je en train de changer de peau ?

*
**

Quelque temps plus tard, Vie libre organise à Blois une rencontre de militants sur le thème « Le malade, approche et contact ». Un stage, en fait, plus qu'une rencontre. Une expérience de formation. Pierre Fournier, qui doit y participer, m'invite à l'accompagner. J'accepte. Mais à Blois, l'assistance est très nombreuse. Dès notre arrivée, je ressens des bouffées d'angoisse. Le symptôme est fréquent. C'est à cause des remèdes que je prends pour ne pas boire, et des calmants. La vue de tous ces anciens buveurs me déprime. Je suis la plus jeune de toute l'assemblée. Certes, ils se montrent accueillants à mon égard. Comme toujours, ils expriment l'envie de me prendre sous leur aile. Mais ma réaction est négative.

Je freine des quatre fers. J'ai envie de fuir. Je dis à Pierrot à voix basse :

– Je ne veux pas rester.

– Qu'est-ce que tu as ?

– Je ne me sens pas bien. Ramène-moi.

Je sors de la salle. Au bout d'une minute, Pierrot me rejoint dehors. Il m'observe un moment sans rien dire. Je sais que j'ai ma tête des mauvais jours. J'ai envie d'aller retrouver mes « amis » et d'acheter de l'alcool. Quelque part dans mes pensées tintent les mots de Sylvie : « On n'est jamais guéri... » Vais-je vraiment devoir traîner ce problème jusqu'à la fin de mes jours ? Vivre avec ça ? Oui, la chose ne fait plus le moindre doute. C'est un peu l'instant de vérité qui se joue à l'entrée de cette réunion.

– Je ne te ramène pas, dit Pierrot. Tu es venue, tu restes.

Le ton est sans réplique. Il ajoute :

– Il faut toujours aller jusqu'au bout.

Je comprends que je n'ai plus qu'à rassembler mon courage.

– Une cigarette ?

Il me tend gentiment son paquet.

Finalement, la rencontre se passe bien. Au début, le fait d'être la plus jeune m'a stressée, maintenant il joue en ma faveur. Les amis de Vie libre ont d'autant plus envie de me voir m'en sortir que je suis encore une enfant ou presque. Je suis surprise, en fait, de m'apercevoir que des gens sont capables de m'apprécier. Je trouve leur réaction bizarre tant j'ai pris l'habitude, depuis ma première année de collège, d'être regardée comme un poison, comme une gêneuse, une élève encombrante, une ado peu intéressante qui boit, se bat, déclenche des drames... Grâce à Pierrot qui a su m'obliger à vaincre mes réticences, je suis en train de me faire tout à coup de nombreuses relations. Ces hommes et ces femmes me donnent leur numéro. On se promet de se rappeler, de rester en contact. Ma famille s'élargit encore ! Et la formation en tant que telle m'apporte des connaissances sur ce qu'est un malade alcoolique, sur la façon appropriée de le soigner, également.

Je me dis parfois que ma vocation de militante est née à Blois, le jour où j'ai eu envie de m'impliquer à mon tour dans l'action, après avoir failli m'enfuir à toutes jambes.

*
**

Je suis de plus en plus mal au foyer Marc-Nivet, et quand je rentre à la maison le week-end, c'est pour me replier sur mes souffrances intérieures. Mon entourage s'inquiète. Même le maire se tourmente pour mon sort. Il rencontre maman :

– Je ne vois plus Élodie. Elle est fâchée ? J'ai dit quelque chose qui lui a déplu ?

– Non, non ! À la maison, c'est pareil. Elle ne parle pas.

Élisabeth Forestier aussi se pose des questions. Mais que faire ? On est impuissant quand un proche s'enfonce dans la solitude et les idées noires.

Cependant, Pierre Fournier et nos amis de Vie libre semblent estimer que je traverse une phase à la fois douloureuse et utile. Sans prendre mon état à la légère, ils entendent me soutenir de leur présence discrète et attentive, en respectant le chemin que je suis en train de parcourir. Ils acceptent que je reste face à moi-même. Face à ma vie. Face à une phase cruelle de mon existence. Je prends mes cachets régulièrement. Mais c'est à peine si je peux manger. Je suis constamment épuisée – et quasi incapable de dormir. Et surtout, mon agressivité empire. Je ne supporte plus rien ni personne. C'est pire qu'avant ma cure, quand je n'avais pas ma quantité d'alcool dans le sang. On ne peut plus rien me dire. Même mes parents ne s'avisent pas de m'adresser des reproches.

Au foyer, c'est la même chose. Je décide pourtant un jour d'y rester le week-end au lieu de rentrer à Moléans. Je suis mal, de toute façon. Souffrir à Chartres, souffrir à Moléans, quelle différence ? Ai-je seulement encore ma place sur cette Terre ? Je suis accablée partout des mêmes symptômes, des mêmes douleurs, des mêmes angoisses. Du même épuisement. Partout je sens gronder en moi cette rage intérieure qui, à chaque instant, menace d'exploser et de tout détruire. Le soir de ce fameux week-end, les éducateurs décident de confisquer nos portables : ils ne veulent pas que nous passions la nuit à téléphoner. Il est vrai que c'est ce que nous faisons une fois au lit : appeler et envoyer des SMS. Sauf que je refuse de leur donner le mien. Pas par esprit de révolte, je précise. Simplement, la batterie est à plat. Donc j'estime ne pas avoir de raison de le rendre. Les éducateurs, eux, ne l'entendent pas de cette oreille. Mon argument, selon leur point de vue, ne tient pas. Ils sont convaincus que je veux m'opposer, voilà tout. Me dresser contre leur autorité. Alors que je suis à cran, à bout de nerfs. À force de ne pas boire et de prendre des cachets. Comme je refuse d'en démordre, le ton monte. Et la dispute dégénère en bagarre. À coups de pied, à coups de poing. Soudain personne n'arrive plus à me calmer. Les éducateurs n'ont plus affaire à Élodie mais à une forcenée. Ils paniquent. Ils appellent les pompiers. Une ambulance. On m'emmène aux urgences où les médecins veulent me faire piqûre. Mais cette idée me rend folle. Je ne veux pas être piquée ! Je suppose que la perspective d'une injection me rappelle mes vieilles seringues d'alcool. À la fin, elles me faisaient si mal que je ne les supportais plus... Les médecins, au vu de ma réaction, comprennent qu'il y a un problème. L'un d'eux me fait une piqûre quand même. Puis il décide de me laisser dormir. Et il revient m'examiner au réveil. Il comprend en m'interrogeant que je suis en pleine détresse. Que j'ai besoin d'une cure de repos.

Je reste huit jours à l'hôpital. On est aux petits soins pour moi. Je me retape. Je mange un peu. On m'aide à dormir. Les idées noires se dissipent petit à petit. Pierre Fournier, lors d'une visite, m'offre de participer de nouveau à un stage de Vie libre.

– Quand tu sortiras d'ici.

– D'accord, Pierrot. Je veux bien.

Je vois que ma réaction lui fait plaisir.

La rencontre en question réunit des gens venus des quatre coins de la région Centre. Je m'aperçois tout de suite que j'adopte une attitude différente de celle que j'ai eue au stage précédent. Je me replie moins sur moi-même et sur mes soucis. Je vais plus volontiers vers les autres. Je n'hésite pas à demander conseil. Je discute avec un participant venu du Berry. Il s'étonne de mon jeune âge. Pourtant, j'ai bel et bien arrêté la boisson à seize ans ! Je lui explique combien je me sens épuisée, nerveuse, agressive. Je lui raconte cette terrible bagarre au foyer.

– Ils ont dû appeler les pompiers. Je me suis retrouvée à l'hôpital. J'en sors, en fait...

– Tu te sens mieux ?

– J'ai peur que ça recommence. Vous feriez quoi, à ma place ?

L'homme du Berry réfléchit. Il finit par répondre :

– Si j'étais à ta place, je n'y retournerais pas.

Il parle du foyer Marc-Nivet. Je me mets à réfléchir à mon tour. La réaction de mon interlocuteur m'apparaît tout à coup frappée du sceau de l'évidence. N'aurait-on pas dû me donner ce conseil dès ma sortie de cure ? Je me rappelle combien j'ai souffert de devoir retourner au foyer après mon sevrage. Je pressentais que ce milieu se révélerait nocif dans mon cas. Que ce retour était contre-indiqué. La bonne option aurait été de créer une rupture dans ma vie. Au lieu de quoi, avec mes parents, nous avons choisi une désastreuse continuité. Alors que rien ne pouvait être comme avant. D'ailleurs, ce retour s'est révélé désastreux.

Je regarde l'homme du Berry. Il hoche la tête. Il ne doute pas du bien-fondé de son opinion. Il a tout compris. Je lui dis :

– Je crois que vous avez raison.

Je suis soulagée. Je sens que la décision, cette fois, est mûre. J'en parle immédiatement à Pierre Fournier, qui n'a pas besoin de réfléchir longtemps.

– Je suis du même avis, Élodie. Il vaut mieux que tu quittes ce foyer. Ça se passe vraiment trop mal.

– Quitter le foyer, d'accord. Mais pour aller où ?

– Rentre chez tes parents. Le temps d'aviser.

Le dimanche suivant, en fin d'après-midi, papa me demande si mon sac est prêt.

– Non.

Je ne lui ai encore rien dit de cette discussion avec les gens de Vie libre. Il a prévu de m'accompagner au foyer en voiture, comme d'habitude. Il me regarde d'un air intrigué, inquiet même.

– Je ne rentre pas au foyer, papa. C'est fini, le foyer Marc-Nivet. Je ne veux plus y mettre les pieds. Je veux rester à la maison. Maintenant que ça va mieux...

– Tu es sûre que ça va mieux ?

– Ça ne se voit pas ?

Il est stupéfait. Et heureux en même temps. Il voit enfin briller une lueur d'espoir. Il me dit après un temps :

– Il faut les prévenir. Tu t'en occupes ?

Je téléphone moi-même au foyer et je les informe de ma décision. Je ne reviendrai pas. Le dernier incident était de trop. J'ai besoin d'un environnement favorable après ma cure de repos, pas de replonger dans un milieu conflictuel. À l'autre bout du fil, mon interlocuteur exprime des réticences. Quitter le foyer ? La chose n'est pas si simple. Peut-être même impossible ! Je coupe court en disant que je passerai le lendemain avec mon père, afin de prendre mes affaires et de dire au revoir à tout le monde. Sur quoi, je raccroche avec un profond soulagement.

– C'est fait, dis-je à papa.

Il prend le téléphone à son tour.

– Qu'est-ce que tu fais ?

– J'appelle mon patron.

Je l'entends annoncer à son employeur qu'il prend deux jours de congé pour s'occuper de sa fille cadette. Je comprends que l'employeur, au bout du fil, n'est pas spécialement ravi de la nouvelle. Mais papa est résolu. Sa décision n'est pas négociable. Et j'avoue que je suis bouleversée d'entendre papa réagir ainsi. En lui faisant part de ma décision concernant le foyer, je m'étais attendue plutôt à le voir se mettre en colère. Au contraire, il semble approuver mon geste à cent pour cent !

Le lendemain matin, nous sommes au foyer Marc-Nivet, dans le bureau du chef de service. Pour lui, il n'est pas question que je m'en aille. Je suis mineure. Je fais l'objet d'un placement dans son établissement.

– Pour que je puisse la laisser partir, il faudrait qu'elle soit inscrite ailleurs...

– Je l'inscrirai ailleurs, dit papa.

– Vous ne trouverez rien.

Papa commence à s'énerver.

– Concluons un marché, monsieur. Donnez-moi deux jours. Dans deux jours, si je n'ai rien trouvé, alors vous reprenez Élodie.

Cette perspective me fait horreur ! Mais je m'abstiens de tout commentaire. J'ai décidé de faire confiance à papa. Tout en pensant par-devers moi que, quoi qu'il arrive, je ne remettrai plus les pieds ici.

– Je reviendrai vous voir, continue papa. Et j'aurai les papiers d'inscription.

– Marché conclu, soupire le chef de service en se levant.

Il cède. De guerre lasse. Il voit qu'il a affaire à des gens têtus...

– 10 –

Après une journée de démarches et de coups de téléphone dans les écoles et les administrations de la région, papa décide de tenter sa chance le lendemain à Anatole-France, l'établissement où j'ai effectué cette terrible sixième qui m'a vue basculer dans l'alcoolisme. Cette option n'est pas pour me plaire. Mais nous n'avons plus que vingt-quatre heures devant nous pour régler la question.

Le lendemain, mardi, je mets un jean et un sweat propres. Je noue avec soin les lacets de mes baskets. Et je monte en voiture avec papa. Papa qui est aussi angoissé que moi, même s'il s'arrange pour ne pas le laisser paraître. Nous savons tous les deux que le directeur n'acceptera jamais de reprendre une élève qu'il ne connaît que trop bien. Mais nous évitons d'envisager le proche avenir de façon pessimiste.

– Il faut avoir confiance ! dit papa.

Nous partons pour Châteaudun. Soudain, les bâtiments de mon ancienne école se matérialisent devant moi. Le souvenir de dizaines d'incidents douloureux remonte d'un coup dans ma mémoire. Mais il est trop tard pour reculer. L'instant d'après, nous pénétrons dans le secrétariat. Papa demande à parler au directeur. Il veut inscrire sa fille Élodie au lycée, dit-il. En troisième. C'est urgent. La secrétaire hésite. Son regard s'arrête tantôt sur moi, tantôt sur papa. Elle ne sait trop comment gérer cette irruption. Elle m'a reconnue, en fait, et ma tête ne lui dit rien qui vaille.

– Je veux voir le directeur, répète papa. Tout de suite. Pas dans deux heures. J'ai pris un congé pour ça...

Le directeur ! Comme j'appréhende de revoir cet homme !

– Je vais le prévenir, finit par répondre la secrétaire.

– Oui, allez-y. Décrochez votre téléphone. Qu'est-ce que vous attendez ?

Au bout d'une minute, le directeur apparaît... Ce n'est plus le même ! Il nous serre la main. Nous le suivons dans son bureau. Papa lui explique la situation. Le nouveau directeur me regarde en disant :

– Je la prends.

Il accepte sans même discuter ! Alors que nous sommes venus en y croyant à peine, comme on joue sa dernière carte ! Il ajoute à mon intention :

– Va attendre au secrétariat. Le temps que je discute cinq minutes avec ton père.

J'attends depuis quelques secondes quand la CPE entre. La même CPE qu'à mon époque... En me trouvant là, elle se pétrifie. À croire qu'elle a vu un fantôme !

– Ne me dis pas que tu reviens, Élodie !

Comme paroles de bienvenue, c'est réussi...

– Ne vous inquiétez pas, madame. Je ne bois plus.

*
**

Le plan de papa a réussi au-delà de toutes espérances. Je suis libérée du foyer Marc-Nivet. Mais la solution Anatole-France, si généreusement acceptée par le nouveau directeur, n'a-t-elle pas des allures de retour en arrière ? Dans ce collège, j'ai commencé à boire. Ce n'est pas sans une forte anxiété que je m'y présente de nouveau. D'un autre côté, on m'a inscrite en troisième générale, alors que je suivais à Chartres une troisième « insertion ». C'est valorisant pour moi. Et cette décision contribue à m'apaiser un tant soit peu. En fait, je crains de céder encore à des pulsions agressives. À la fin, les choses se passaient vraiment très mal au foyer Marc-Nivet. Et la vie de toute collectivité génère des conflits. Je sais que nombre d'enseignants ne sont pas franchement ravis de mon retour. En somme, je redoute de ne pouvoir me dominer en cas d'incident.

Le premier jour, je m'aperçois que d'anciens élèves me reconnaissent et me manifestent de la sympathie, ce qui atténue mon désarroi. Mais je vois aussi avec une certaine inquiétude que je vais être entourée d'élèves plus jeunes que moi. Je suis la seule élève de troisième à être âgée de seize ans et demi... Le directeur, qui est prudent et tient à bien faire les choses, m'accompagne à mon premier cours, après m'avoir priée de l'attendre à la « vie scolaire ». Lorsque nous entrons dans la classe, tout le monde se lève. Le directeur s'adresse à mes camarades en disant :

– Je sais que certains d'entre vous se souviennent d'Élodie. Mais je vous demande de ne pas l'ennuyer avec ce qu'elle a pu faire autrefois entre ces murs. L'important, ce n'est pas le passé. L'important, c'est aujourd'hui et demain.

Sur ces mots, il se tourne vers l'enseignante, comme pour lui passer le relais. Mais l'enseignante est nerveuse. Elle me crie aussitôt en frappant bruyamment la table avec sa paume :

– Tu te mets là ! Au premier rang !

Si je m'entends à merveille avec les gens de Vie libre, du fait de leur sens de l'amitié, du fait aussi de leur vécu, je suis toujours aussi réticente à l'égard des adultes qui essaient de m'imposer leur autorité. Ce n'est pas parce que j'ai cessé de boire que je suis devenue docile. J'ai plus que jamais besoin d'être non pas jugée mais respectée et comprise. En outre, j'ai perdu l'habitude d'entendre les professeurs me tutoyer ; en effet, comme je l'ai dit, les enseignants de l'institution Notre-Dame, à Chartres, nous disaient « vous ». C'est sans doute pour toutes ces raisons que je réagis vivement :

– Ne me parlez pas sur ce ton !

Le directeur, redoutant de voir les problèmes surgir un peu vite, pose sur mon épaule une main amicale.

– Du calme, Élodie.

Mais je m'écarte.

– Vous, ne me touchez pas !

Les problèmes sont bel et bien là. Déjà.

– Ne nous énervons pas, reprend le directeur pour tenter de calmer le jeu.

Cependant, quand il quitte la salle, son optimisme en a pris un coup. Et l'enseignante me regarde d'un sale œil. Le courant ne passe pas, et je commence à me demander si nous n'avons pas commis une énorme bévue, papa et moi, en optant pour cette solution. Ne suis-je pas devenue définitivement rétive à toute scolarité ?

– Tu viendras me présenter ton cahier à la fin du cours ! me lance l'enseignante tandis que je m'installe.

– Ouais.

– On ne dit pas « ouais », on dit « oui » !

– Oui.

– On ne dit pas « oui », on dit « oui, madame » !

– D'accord ! Oui, madame. Maintenant, arrêtez de me prendre la tête, parce que ça ne va pas le faire et je vais vous en coller une !

Le cours, comme on s'en doute, se déroule dans une ambiance plombée. Et à la fin de l'heure, quand je lui présente mon cahier, la prof a ce jugement :

– Tu n'es pas à ta place ici.

Elle n'a peut-être pas tort. À Chartres, j'ai suivi une troisième « insertion ». Le niveau de la troisième générale est plus élevé. Mais je suis inscrite dans un établissement, après tout ! Et j'entends bien m'y cramponner. En tout cas, j'ai réfléchi durant le cours et décidé de faire en sorte que l'expérience se passe au mieux. Même si j'ai toutes les peines du monde à écouter les explications, voire à garder les yeux ouverts, tout simplement. Certes, je ne bois plus du tout, mais l'effet des remèdes est dur à supporter ; et je fume beaucoup de cannabis, ce qui ne favorise pas l'attention...

L'heure suivante est un cours d'histoire : je m'endors. Je sais que le directeur a eu un entretien non seulement avec papa mais également avec Pierre Fournier. Et Pierrot l'a prévenu : je risque d'être victime de somnolence. Le mieux, en pareil cas, est de me laisser tranquille. Du moins, de ne pas me réveiller brusquement car je suis sujette aussi à des réactions agressives. Le professeur d'histoire est-il averti ? Après m'avoir laissée dormir durant les deux heures de son cours, il me touche gentiment l'épaule. Dès que j'ouvre les yeux, il a un mouvement de recul. L'effroi se lit sur son visage. Je murmure :

– Oui ?

– C'est la fin du cours d'histoire, Élodie.

Il s'exprime d'une voix apeurée.

– Excusez-moi de m'être endormie.

Je vois mes camarades qui me regardent en rigolant. J'ai sur la joue une profonde empreinte laissée par mon cahier à spirale.

Arrive le cours de français. Là encore, je tombe sur un professeur qui s'adresse à moi agressivement. Je réagis sur le même ton. Résultat : exclusion de la classe. Le soir, je rentre à la maison avec un papier du collège disant que je me suis fait renvoyer du cours de français.

– Ça recommence ! s'exclame maman.

– Je suis nerveuse ! Ce n'est pas ma faute !

Chacun sent que nous ne sommes pas au bout de nos ennuis. Nous en sommes même très loin.

*
**

Car le ton est donné. Rien ne changera plus dans mes relations avec l'institution scolaire. Souvent, durant cette période, je rentre chez moi avec des observations des professeurs, de la CPE, voire du directeur lui-même. Souvent, en cas d'incident, je m'énerve. Les choses vont trop loin. Je suis prête à en venir aux mains. Y compris avec les adultes. Je renverse les tables. Je donne des coups de pied dans les portes. Je bouscule les gens... Que faire ? J'ai réussi à plonger de nouveau l'administration du collège dans le plus grand désarroi. Il est évident que je n'apprends rien. Je ne fais que créer des problèmes. Je ne suis pas heureuse.

Lorsque je me sens au plus mal, je vais voir l'infirmière. Elle n'a pas changé, contrairement au directeur. Et je ne l'aime guère. Le courant n'est jamais passé entre nous. Il faut vraiment que je sois au bout du rouleau pour aller lui réclamer de l'aide. De son côté, elle ne se sait toujours pas comment me prendre. Elle m'accable de questions, puis de conseils.

– Pourquoi tu ne vas pas voir un psy ?

– C'est vous qui avez un problème.

Voyant combien je suis nerveuse, elle me dit aussi :

– Rentre chez toi, prends une douche, lis un livre.

Elle s'imagine que je vais me détendre rien qu'en me laissant tomber dans un fauteuil avec un livre sur les genoux ! Souvent je quitte son bureau en claquant la porte.

Heureusement, Pierrot veille sur mon sort comme le véritable ange gardien qu'il est. Il parle au directeur, ou à la CPE. Il m'accompagne au collège. Il reste même à l'accueil un moment ; il ne repart pas avant d'être sûr que ma journée n'a pas trop mal commencé. Lorsque j'ai deux heures de libres, en cas d'absence d'un professeur par exemple, je vais les passer chez lui. Ce qui m'évite de traîner dans les rues de Châteaudun. D'y faire de mauvaises rencontres. De repartir dans la boisson et les bêtises. Car mon équilibre est très fragile – si équilibre il y a. J'ai besoin de toute l'attention et de tout le dévouement de Pierrot pour me soutenir. Il me reçoit. Il m'écoute. Il m'offre des cigarettes. Il ne me juge pas. Il ne me traite pas de mauvaise élève ou de gamine insolente. Il sait au plus profond de lui-même que mon existence est un combat de chaque minute contre la maladie et la déchéance. Il est passé par là. Mon état, mes sentiments, mes souffrances n'ont pas de secret pour lui. Sans lui, j'aurais cédé à mes démons, une fois de plus. Sans lui, je ne serais plus de ce monde pour raconter mon histoire.

Michel Branchet aussi continue de jouer son rôle. J'ai repris mes visites à la mairie. À mon arrivée, j'entends résonner la voix de Michel :

– Dans le bureau !

C'est un rituel entre nous, une sorte de jeu, une façon d'ouvrir un dialogue qui ne dure jamais moins de deux heures. Michel fait preuve d'une infinie patience avec moi. Il voit que je suis au bout du rouleau ; il refuse pourtant de baisser les bras. Car je suis au bout du rouleau, oui ; je suis exténuée. J'ai constamment les nerfs à fleur de peau. D'un autre côté, je n'ai pas bu une goutte d'alcool depuis des mois. J'ai même réussi à diminuer un peu le cannabis. Et je suis suivie régulièrement par le médecin du CICAT.

– Tu es sur la bonne voie, affirme Michel pour m'encourager.

Et son regard intelligent et chaleureux m'est un réconfort.

Mais ma tentative de renouer avec les études s'achève sur un constat d'échec, comme c'était prévisible. Je l'ai dit, je ne supporte pas les contraintes que cherchent à m'imposer les professeurs. C'est pourquoi je me mets en colère en apprenant qu'ils veulent m'obliger à me présenter au CFG – le certificat de formation générale – un examen que j'ai déjà passé avec succès ! Cependant, aucun lycée ne veut de moi en seconde. D'où cette décision du conseil de classe. Laquelle me met hors de moi. Il s'ensuit une explication houleuse avec la CPE – si houleuse que nous en venons presque aux mains. Puis le directeur s'en mêle – ce qui lui vaut d'essuyer une bordée d'insultes de ma part. Maman doit venir au collège prendre ma défense. Je finis par accepter de me présenter à cet examen – je l'ai d'ailleurs passé avec succès pour la seconde fois. Mais le mal est fait. Ce nouvel épisode à Anatole-France se solde par un échec. Et plus aucun lycée ne veut de moi. « Cas trop difficile à gérer », disent-ils.

Suis-je un « cas difficile à gérer » ? Sans doute. Mais peut-être auraient-ils pu y parvenir en s'y prenant autrement... Il existe bien des adultes qui arrivent à faire quelque chose de moi ! Après tout, je suis en progrès. J'ai complètement arrêté la boisson. Je suis régulièrement suivie par le CICAT. Certes, je suis toujours agressive, pourtant le corps enseignant aurait pu me considérer comme sur la bonne voie.

*
**

Dès lors, plusieurs étapes malheureuses s'enchaînent rapidement. Les gendarmes de Châteaudun, qui commencent à bien me connaître, craignent désormais de ma part de nouveaux écarts de conduite. Ils me convoquent. Ils souhaitent me mettre en garde. La société s'est montrée patiente avec moi, mais elle ne pourra supporter indéfiniment mes réactions violentes. Une dispute éclate, au terme de laquelle j'accepte de signer un document dans lequel je m'engage à chercher du travail. Et bientôt c'est chose faite.

Une dame de Moléans me prend chez elle comme jardinière. Je suis soulagée de retrouver la compagnie des fleurs, après tant de conflits avec mes semblables. Tout se passe bien chez cette dame, quand un malheur frappe ma famille : une cousine décède en laissant deux jeunes enfants. La dame qui m'emploie n'apprécie pas que je prenne une journée pour me rendre aux obsèques, et me renvoie.

Une autre solution se présente sous la forme d'une fondation appelée École de la deuxième chance. L'organisme accueille des élèves en rupture de scolarité, qui souhaitent reprendre des études. En novembre 2007, j'intègre mon établissement qui se trouve à Alençon. Mais je n'y reste que trois semaines. Il faut croire qu'aucune école n'est plus faite pour moi. En effet, j'en viens aux mains avec un camarade. La bagarre, sérieuse, me vaut une entorse au genou et une rotule fêlée. L'expérience a à peine eu le temps de commencer que déjà elle prend fin brutalement.

Le Dr Garibal, qui m'examine après cet incident, juge l'état de mes membres préoccupant. Absorbé dans ses réflexions, il se caresse la barbe. Son intérêt se porte subitement non plus sur la jeune malade alcoolique mais sur l'apparence de mes contusions et l'état de mes os. Outre ma blessure au genou, je présente un sérieux problème à l'épaule.

– Elle ne fait que se luxer, lui dis-je.

C'est ainsi que l'on me découvre à dix-sept ans une maladie génétique : le syndrome d'Ehler-Danlos. C'est l'affection des gens qui se font toujours des luxations et des entorses, du fait d'une trop grande flexibilité de leurs membres. On l'évoque parfois en se référant à Valentin le Désossé, le célèbre contorsionniste qui vivait au temps de Toulouse-Lautrec. Ainsi s'expliquent les entorses à répétition qui ont émaillé ma petite enfance. La nouvelle est choquante. Je me découvre porteuse d'une maladie nouvelle. Ce syndrome d'Ehler-Danlos, maintenant ! Suis-je un de ces êtres aux os élastiques que la vie condamne à devenir des bêtes de cirque ? Soudain je ne me reconnais plus. Je n'ai réussi à arrêter la boisson que pour être précipitée dans un nouveau problème ! Ma réaction est d'aller voir immédiatement Michel Branchet à la mairie et de tout lui raconter. Comme on appelle au secours. Une fois de plus, je me retrouve dans son bureau.

– Franchement, je me demande si je ne vais pas aller boire un coup...

Ai-je dit cela pour tester sa réaction ? Pour le provoquer ? Pour le décevoir ? Quoi qu'il en soit, j'exprime un malaise. Ce qu'il a parfaitement compris. Il fronce les sourcils et répond :

– Si tu retouches à l'alcool, Élodie, je pourrais me fâcher.

L'idée d'avoir une maladie génétique m'est insupportable, mais la perspective d'être en mauvais termes avec Michel l'est encore davantage. Je me radoucis. Il est rassuré.

– Tu as vaincu une première maladie, tu viendras bien à bout de la deuxième.

– L'alcoolisme n'est jamais vaincu, vous savez. Et le syndrome d'Ehler-Danlos, ça ne se soigne pas.

– Ça se soignera un jour. Il faut être patiente. Résister. Te battre. Tu sais faire, maintenant.

Il me rappelle sa petite maxime. Je lui confirme qu'elle est toujours bien pliée dans mon portefeuille. Il me conseille alors de prendre la vie telle qu'elle est, avec ses joies et ses contrariétés. Certes, ce syndrome d'Ehler-Danlos n'est pas une bonne nouvelle, mais il n'y a rien d'insurmontable.

Si j'avais été croyante, je serais allée au Petit-Lourdes, ce jour-là, et j'aurais remercié la Sainte Vierge d'avoir mis sur ma route des êtres tels que Michel, Élisabeth, Pierrot ! Où serais-je, aujourd'hui, s'ils ne m'avaient pas soutenue et encouragée ? S'ils n'avaient pas consacré du temps et de l'énergie pour m'accompagner le long de ma route semée d'embûches ?

Le lendemain, je retourne voir le Dr Garibal, qui décide de m'envoyer à l'hôpital Trousseau de Tours. Il veut que je subisse des examens de confirmation. Puis, en mars 2008, on me transporte en réadaptation fonctionnelle à l'hôpital de Château-Renault.

Les événements qui se succèdent depuis mon échec à Anatole-France ne sont pas faits pour me remonter le moral, ni pour me calmer les nerfs. L'hospitalisation me déprime. Je suis quelqu'un qui n'aime pas vivre enfermée. Chaque jour, je suis obligée de me faire violence pour ne pas céder à la tentation de l'alcool. Je repense au goût de la bière et de la vodka. Pour m'aider, je convoque mes divinités protectrices : Michel, Élisabeth, Pierrot, Sylvie... D'ailleurs, eux-mêmes devinent que je traverse une épreuve douloureuse, une longue marche, une traversée du désert. Ils me téléphonent pour prendre des nouvelles et me rappeler que je ne suis pas seule, que je peux compter sur eux. Sans parler de papa et maman qui viennent me voir tous les dimanches. Mais les examens et la rééducation me fatiguent. Tout est lourd. Tout est interminable. Je suis frustrée de vivre éloignée de chez moi. Je regarde mon corps fragile, mes bras abîmés par les piqûres et les brûlures de cigarette. Je me dis : « À quoi bon tous ces efforts ? » Je suis obligée de garder le bras replié dans une attelle, immobilisé. Et je vis la chose comme un symbole. Moi-même, ne suis-je pas immobilisée dans cet hôpital ? Ne suis-je pas prisonnière ? Paralysée ? Pour combien de temps ? Personne n'en sait rien ! Je m'énerve rien que d'y penser.

J'ai souvent des crises de larmes. En fait, je suis en pleine dépression. Des indications des médecins, il ressort que je ne pourrai peut-être plus faire de sport. En tout cas, il est exclu que j'encaisse des coups. Et les chutes sont déconseillées, car j'ai la colonne vertébrale fragile. Bref, mieux vaut renoncer aux entraînements collectifs si je ne veux pas risquer de me retrouver dans un fauteuil... Je demande :

– Et le VTT ?

– Sûrement pas le VTT ! La natation, par contre, c'est conseillé.

– La natation ? Mais je suis allergique au chlore ! Quand je sors du bassin, je suis rouge comme une écrevisse...

Ces aimables échanges ne sont pas faits pour me réconforter. Pour tout arranger, j'ai arrêté mes médicaments de ma propre initiative, sans en parler à aucun médecin – ni au Dr Garibal ni à ceux de l'hôpital. J'ai mes boîtes d'Espéral et de Tercian dans mon armoire, mais je n'y touche plus. Le cannabis, en revanche, je continue. Ma consommation est repartie de plus belle – alors que j'avais réussi à la diminuer durant la période précédente. En fait, l'herbe m'apporte une consolation, un apaisement. Je fume en compagnie d'un autre malade, un jeune patient qui souffre de l'épaule lui aussi, suite à un accident du travail. Tout en fumant, on discute. C'est le seul bon moment de ma journée. Le reste du temps, je suis à cran.

Sur le plateau de rééducation, le premier jour, quand Jacqueline, la kiné, me demande mon nom, je réplique :

– C'est écrit dans le dossier !

Voilà qui augure bien de la suite... Mais Jacqueline est une personne tolérante. Elle ne relève pas. Elle se contente d'encaisser le choc, l'air de comprendre qu'elle vient d'hériter d'une patiente qui risque de mettre sa patience à l'épreuve... Et je dois dire que ce sera le cas ! D'autant que lors de mes séances de kiné on m'enlève mon attelle. Mon bras est libre à nouveau. Je pourrais fort bien pu en profiter pour frapper Jacqueline. Certains jours, nous ne sommes pas loin de l'incident. Chaque fois, je réussis à me contenir. Plutôt que d'agresser ma soignante, je tape dans les murs... C'est déjà un résultat ! Jacqueline, quand je pique une colère, s'efforce de rester imperturbable. En fait, comme je dois m'en rendre compte peu à peu, je lui inspire de la compassion. Elle comprend mes souffrances présentes et passées. Elle a décidé de m'apprivoiser. Et elle y parvient. En me félicitant pour mes progrès. En m'écoutant aussi – comme Élisabeth Forestier, comme Michel Branchet, comme Pierre Fournier. J'ai un ange gardien de plus.

Le même scénario se répète dans ma vie : dès lors que l'on veut bien me prêter un minimum d'attention, me considérer comme un interlocuteur et non comme une alcoolique incorrigible, je reviens lentement à une conduite civilisée.

À la fin de mon séjour, Jacqueline et moi, nous nous parlons beaucoup. Notre relation, qui a si mal commencé, se conclut au bout de six semaines de traitement sur une note positive. Au moment du départ, je lui offre une bougie. De son côté, elle m'a écrit une lettre pleine d'affection que je garde depuis dans mon portefeuille, avec la maxime de Michel Branchet. Quand vient l'heure de nous quitter, nous tombons dans les bras l'une de l'autre, en pleurant à chaudes larmes.

– 11 –

Lorsque je fais ma réapparition dans la commune de Moléans, je ne suis plus inscrite dans aucun établissement – ma scolarité a pris fin à l'École de la deuxième chance. En outre, je reviens avec une maladie génétique. Enfin, je n'ai toujours pas résolu mon problème de violence. Chacun sait qu'il m'arrive encore de céder à des comportements agressifs. Je ne bois plus, je ne prends plus de cachets, mais je suis encore tendue comme une corde. À la moindre contrariété, je bondis comme un ressort. J'ai toujours des courts-circuits dans la tête, comme au foyer Marc-Nivet quand s'annonçaient mes bouffées de violence.

Heureusement, Michel Branchet a à cœur de me pousser à résoudre cette question une bonne fois pour toutes. Un jour que nous discutons à la mairie, il me demande si je n'ai pas envie de m'inscrire dans l'équipe de basket de Châteaudun. Je réagis vivement :

– Je suis foot, moi ! Pas basket !

Je lui rappelle également que les médecins de Château-Renault m'ont fortement déconseillé les sports d'équipe et autres activités brutales. Michel sait que les bousculades sont dangereuses dans mon cas. Il connaît mon dossier médical. Mais il a l'expérience du sport et voit dans sa pratique régulière un moyen de canaliser ce trop-plein d'énergie qui ne surgit de moi que pour provoquer des dégâts. Il me le dit franchement, sans tourner autour du pot. Bien sûr qu'il faut respecter l'avis des médecins, mais on peut s'adonner à un sport en faisant attention, en se montrant prudent. Le sport forme au goût de l'effort, à l'apprentissage des règles. Le sport est un exutoire aux effets apaisants.

– Peu importe que tu marques des paniers, Élodie. À la limite, peu importe le sport. L'important, c'est de suivre un entraînement régulier. Ça te calmerait.

– Oui, mais c'est trop cher pour mes parents.

Il propose de me payer ma licence. Il a soumis l'idée au CCAF, centre communal d'action sociale, qui ne s'y oppose pas. Les administrés de Moléans offrent de se solidariser avec moi, à condition que je consente un sacrifice, que j'y mette du mien.

– Le CCAF paiera ta licence, poursuit Michel. En échange, tu joues régulièrement, en faisant attention de ne pas te blesser. Disons pendant trois mois. Si dans trois mois je m'aperçois que tu n'as pas tenu parole, tu rembourses.

Je ne vois pas de raison de ne pas saisir cette chance – même si je suis foot plutôt que basket, pelouse plutôt que parquet, comme j'ai tenu à le rappeler à Michel d'entrée de jeu. Mais tout ne va pas tout seul. Surtout au début. Certes, pendant les quinze premiers jours, l'entraînement se déroule sans incident. Puis une fille s'adresse à moi sur un ton qui me déplaît et je bondis sur elle pour lui apprendre la politesse. Le gendarme qui nous surveille depuis le bord du terrain siffle. Voyant que son intervention n'a pas produit de résultat, il se précipite pour me poser sur l'épaule une main amicale mais ferme.

– Tu arrêtes.

Et j'arrête. Soucieux de mettre l'incident à profit, il rassemble tout le monde au milieu du terrain.

– Élodie, vous lui parlez normalement, compris ? Sans lui crier dessus.

Dès lors, tout se passe bien. Peu à peu, les autres joueurs comprennent que je ne suis pas tout à fait comme eux. Que j'obéis à des motivations plus complexes que les leurs. Que je ne joue pas au basket simplement pour m'amuser avec un ballon. Alors ils m'aident. Ils se montrent prévenants, attentifs. Quand ils voient que j'ai de la peine à marquer et que je m'énerve à force de rater mes paniers, ils me proposent de m'entraîner toute seule. Et puis chacun se soucie de mon épaule, de mes genoux aussi ; personne n'a envie de me voir finir l'entraînement à l'hôpital.

Un soir que je tire mes paniers à l'écart sans arriver à rien, je sens monter en moi cette pulsion de rage que je ne connais que trop bien. Je suis seule avec ma balle et mon poteau, à quelques mètres des autres joueurs qui courent sur le terrain en dribblant et en se faisant des passes. Personne ne m'a regardée de travers ni parlé sur un ton désagréable, encore moins insultée. La rage est comme née d'elle-même. Je flanque un coup de pied monstrueux dans le ballon, qui va rebondir sur le mur d'en face avant de revenir vers moi. Sur le terrain, tout le monde est pétrifié. Les joueurs me regardent bouche bée. L'entraîneur n'en croit pas ses yeux. Comment fais-je pour déployer une puissance pareille ? D'où me vient une telle énergie ? C'est à peine croyable. Et je pense qu'en effet je suis habitée par une force qui me dépasse. C'est mon agressivité. Ma nervosité. Quand il m'arrive de jouer un peu au foot avec mes voisins – je n'ai pu me résoudre à renoncer totalement à ce loisir – je tape tellement fort dans le ballon qu'il m'arrive de briser la transversale avec mon tir ! Je ne sens plus ma force. Ma balle devient un boulet de canon. D'ailleurs, tout le monde a peur de mes tirs tellement ils sont puissants.

Je sais que Michel Branchet se renseigne discrètement sur l'évolution des choses. « Elle s'est battue ? » demande-t-il à l'entraîneur. Il me surveille de loin. En même temps, il s'arrange pour me faire savoir qu'il est là, qu'il m'a à l'œil. Quand je passe à la mairie, il me lance :

– Ce soir, basket ! N'oublie pas !

Quelquefois, j'ai ma réunion à Vie libre.

– Va à ta réunion. Mais ne lâche pas le basket !

Comme il l'a prévu, cette activité régulière contribue à me tranquilliser. Au fil des rencontres, j'apprends à me contenir. J'arrive à suivre tout un entraînement sans en venir aux mains avec personne. Au niveau du jeu proprement dit, je suis loin d'être une surdouée ! Je ne suis pas Tony Parker ! Je ne marque pas beaucoup de paniers. D'ailleurs, je ne prends pas énormément de plaisir à dribbler ou à lancer la balle. Je n'ai toujours pas envie de renoncer à mon amour du foot pour me convertir au basket. Mais je sens que l'activité m'est bénéfique.

Elle donne une direction à mon énergie. Elle épuise mon agressivité. Elle la transforme en action positive.

*
**

Mon ami Patrick Pardessus, qui est responsable régional de l'association Vie libre, cherche un jour à savoir si je n'ai pas envie de « témoigner ». Il juge mon expérience spécifique, étant donné mon âge. Et le fait de voir le fléau de l'alcoolisme s'abattre de nos jours sur de très jeunes filles est préoccupant.

Témoigner... Je ne l'ai jamais fait. Je comprends que cela signifie parler en public, expérience à laquelle rien ne m'a préparée.

– Il y a un début à tout, dit Patrick, gentiment.

En même temps, participer aux activités de l'association en m'impliquant davantage, n'est-ce pas assumer le statut qui à présent est le mien, celui d'une malade alcoolique qui a renoncé à la boisson ?

Patrick juge important que je me taille une place – ma place – dans l'association. Le mouvement Vie libre se compose de personnalités qui toutes ont « choisi et renoncé », pour reprendre la maxime du maire. Ces militants ont derrière eux de longues années d'abstinence. Ils se sont donné un but dans la vie. Ils enrichissent leur existence du prix de l'effort. Et surtout, ils partagent avec d'autres le fruit de leur expérience.

– Je veux bien essayer.

La phrase s'est quasiment échappée toute seule de mes lèvres. La réunion au cours de laquelle Patrick me propose de faire ma première tentative – mon baptême de l'air en somme – est prévue à Argenton-sur-Creuse. J'ai tellement conscience de l'importance de cette épreuve dans mon histoire que je demande à mes parents d'être présents. Mes relations avec eux se sont beaucoup améliorées durant la dernière période. Ils ont noté que je ne touche plus à l'alcool, que je fais régulièrement du basket et que je commence à perdre la mauvaise habitude de réagir agressivement à la moindre contrariété. Mon corps s'accoutume à ma nouvelle vie. Mon esprit est moins agité, tout en étant plus inquiet aussi du fait de ma maladie. Quoi qu'il en soit, papa et maman répondent « oui » à ma requête. Hélas ! maman a un problème de dos le jour du déplacement et ne peut pas venir à Argenton. Mais papa est là.

J'ai pris des notes sur une feuille volante pour ne pas perdre le fil de mon récit. Quand je me retrouve devant l'assemblée, je suis saisie d'une grande émotion. Mais je résiste à la panique. Je me tourne vers papa, puis vers mes amis de Vie libre qui sont tous présents. Patrick me présente au public. Il dit que mon histoire est vraiment singulière. Et il prie l'assistance de se montrer indulgente avec moi car c'est la première fois que je m'exprime devant autant de monde et sur un sujet aussi douloureux. Au début, je m'en tiens aux notes que j'ai jetées sur ma feuille. Puis l'audace vient avec la parole et je commence à développer certains aspects de mon expérience. Mon entrée en sixième, les bières partagées avec les garçons, mon entrée fulgurante dans un cycle d'habitudes et de comportements dont j'ignorais encore qu'il s'agissait d'une « maladie ». J'évoque mes échecs scolaires, mes conflits avec les adultes, mes injections dans les veines, les terribles pulsions agressives qui s'emparaient de moi quand je n'avais pas ma dose dans le sang... À la fin de mon intervention, la salle est saisie d'émotion. À cause de mon jeune âge, sans doute. Mais à cause aussi, je pense, du caractère exemplaire de ce que je viens de raconter. Quelques gorgées de bière bues à la sortie du collège ont suffi à me précipiter dans une tragédie. Ma découverte de l'alcool a pris immédiatement des allures de mauvais rencontre. Or, tous les présents ne connaissent que trop bien ce phénomène pour l'avoir eux-mêmes vécu.

Comme chacun se tait, je reprends la parole pour rendre hommage à tous ceux qui m'ont secourue, en particulier aux militants de Vie libre. C'est alors qu'une main se lève dans l'assistance. L'homme qui souhaite intervenir se présente comme un ancien facteur, membre de la section de Vendôme.

– Est-ce que tu as beaucoup fait souffrir tes proches, Élodie ? Est-ce que tu le regrettes ?

La question fait écho à l'échelle des douleurs dont Michel Branchet m'a tant parlé. Certaines familles ont le malheur de perdre un enfant. En un sens, ma famille ne m'a-t-elle pas perdue ? Même si elle m'a retrouvée depuis, elle sort de l'épreuve traumatisée. J'essaie de répondre à la question du facteur. Mais j'ai la gorge tellement nouée que les mots refusent de sortir. Je finis par prononcer un « oui » hésitant. Et j'enchaîne sur ma lancée :

– Oui, j'ai beaucoup fait souffrir papa et maman. J'ai même levé la main sur maman ! Je lui ai manqué de respect. Je l'ai trop fait pleurer. Et c'est vrai que je le regrette...

La suite est difficile à exprimer :

– Pourtant, quand j'y repense, je me dis que c'était une expérience qui valait la peine d'être vécue.

Sur ces mots, je fonds en larmes. Je prends mon visage dans les mains et je pleure. Je ne peux rien ajouter tant ce que je ressens a été dur à exprimer, et sans doute à entendre. Comment ne pas s'en vouloir d'avoir bu jusqu'à tomber par terre ? D'avoir manqué de respect à ses parents, détruit sa propre santé ? Bien sûr que je m'en veux ! Néanmoins, après la douleur et le chagrin vient le temps de la réflexion. Et je vois en réfléchissant que l'épreuve, à bien des égards, m'a enrichie. Elle m'a permis de toucher du doigt des réalités profondes concernant la vie et la mort. En un sens, elle est irremplaçable. Je ressemble à ces personnes « pas comme les autres » qui ont à la fois le malheur et la chance d'avoir à assumer un destin spécial. N'est-ce pas aussi un avantage ?

Quand je m'essuie les yeux, je vois que mon père sanglote aussi derrière ses mains aux doigts coupés. À côté de moi, Patrick Pardessus pleure. Dans le public, on a sorti les mouchoirs. L'émotion est chose contagieuse. Je me dis par-devers moi : « J'ai fait pleurer tout le monde ! » La question du facteur de Vendôme a touché en moi la corde la plus sensible, celle de mes parents. De sorte que mon émotion s'est aussitôt répandue dans l'assistance.

Après la réunion, j'embrasse papa. On se presse autour de nous pour nous poser des questions et nous féliciter.

*
**

Ma rencontre avec le public a été un tel succès que je reçois maintenant des invitations de toute la France ! Je vais témoigner à Alès – sans papa et maman, cette fois, dans le cadre d'une réunion de quatre-vingts personnes organisée par une militante autour de mon expérience particulière. C'est chaque fois l'occasion de me faire des amis, d'échanger les adresses et les numéros de téléphone. Il s'ensuit des messages, du courrier, des cartes de félicitations et d'encouragements. Je commence à roder mon récit. J'ai enfin le sentiment de réussir quelque chose ;

depuis la réunion d'Argenton organisée par Patrick, ma vie est utile.

Entre-temps, mes amis ont remis au propre mon témoignage d'Argenton et l'ont publié dans *Libre*, la revue du mouvement. Comme c'est étrange de voir mon récit imprimé dans un journal ! Je m'aperçois bientôt que la chose est appelée à se reproduire. Le hasard veut qu'une journaliste de la *République du Centre* se présente au local de Vie libre un jour que je suis présente. Elle s'appelle Stéphanie Biju. Elle est connue aujourd'hui pour son blog. Elle enquête à ce moment-là sur le thème « les jeunes et l'alcoolisme ». On me présente à elle en lui expliquant que je suis l'interlocutrice idéale pour le genre d'infos qu'elle recherche. C'est ainsi que je suis interviewée pour la première fois. Par chance, je suis en forme, ce jour-là. Ce n'est pas toujours le cas. Je suis souvent fatiguée à cause de ma maladie. Ou j'ai mal à la tête. Ou dans les os, ce qui m'oblige à prendre des médicaments antidouleur. En tout cas, je ne suis pas impressionnée le moins du monde par le fait de m'entretenir avec une journaliste. Je lui raconte ma descente dans l'alcoolisme à l'âge de douze ans et mes efforts pour m'en sortir. Stéphanie écoute avec attention. Elle m'explique qu'elle va résumer mon récit dans un papier, mais en changeant mon prénom puisque je suis mineure.

Là encore, je suis impressionnée de retrouver mon parcours décrit dans le journal avec les noms des lieux correspondant à la réalité. Le prénom, en effet, est modifié, mais ceux qui me connaissent ne peuvent s'y tromper. Car ce que j'ai dit à Stéphanie Biju est restitué avec exactitude. Suite à son article dans *La République du Centre*, mon histoire se répand dans toute la région et bien au-delà. Le mouvement Vie libre contribue beaucoup à sa diffusion, d'ailleurs. Désormais, quand l'association organise une rencontre, ou sa Journée sans alcool dans telle ou telle ville, il y a presque toujours un journaliste qui cherche à me parler. Le public connaît vaguement l'alcoolisme, même s'il circule encore bien des idées fausses ; mais qu'une enfant commence à boire « sérieusement » en sixième et devienne en quelques mois une grande buveuse capable de s'injecter directement de la vodka dans les veines... il y a là matière à réflexion à offrir aux lecteurs.

Pour gérer mes relations avec les journalistes, je bénéficie encore et toujours de l'aide passionnée de Patrick. Je lui confie mon angoisse de me répéter. Je crains que les gens ne finissent par avoir des réactions du style : « Oh ! voilà qu'elle recommence avec son histoire, toujours la même ! »

– Raconte l'histoire en prenant un autre chemin, me conseille Patrick. Mets un autre éclairage.

Il veut aussi que je me débrouille pour glisser dans ma réponse la possibilité d'une autre question. Son idée est que les réponses doivent rester ouvertes, jusqu'au moment où j'en ai assez ; dès lors, je peux lâcher une réponse fermée qui met un point final à l'entretien. En effet, fournir des informations est une chose, flatter la curiosité malsaine des gens en est une autre. On est obligé de fournir des détails si l'on veut se faire comprendre, mais trop de détails explicites poussent au voyeurisme et aux questions inappropriées. Patrick Pardessus, qui connaît bien les médias, sait m'initier à la bonne façon de procéder, et je lui en suis reconnaissante. Après l'interview, j'ai la satisfaction de découvrir l'article.

Souvent, on feuillette le journal en famille. Maman, les journalistes, elle n'aime pas trop.

– Moi, dit-elle, leurs questions personnelles, je n'y répondrai pas.

Sonia est du même avis. Ma sœur Annabelle est fière pour moi. Comme papa.

*
**

Le 26 octobre 2008, Vie libre me signale qu'un membre de la section « jeunes » de Blois cherche à entrer en contact avec moi. Apparemment, les journaux et Internet ont répandu mon histoire jusqu'à Paris, et les gens de Blois ont reçu un message de TF1 me concernant. Le journaliste de TF1 intéressé par mon histoire n'est autre que Thierry de Mézière. Il travaille pour l'émission *Sept à huit* et souhaite me parler. Je communique le numéro familial. Et Thierry de Mézière appelle à la maison. Il veut savoir si je suis prête à témoigner dans l'émission. Je réponds que j'ai l'habitude de témoigner, maintenant. Que je participe souvent à des rencontres sous l'égide de Vie libre. Que j'ai été interviewée par de nombreux journalistes de la presse régionale. Je conclus par ces mots :

– Pourquoi pas ?

Thierry cherche aussi à savoir dans quel état physique je me trouve. Il ne m'a jamais vue. Aucune photo ne lui est parvenue. Il s'imagine que j'ai peut-être les dents pourries par l'alcool et le visage vieilli. En effet, la boisson laisse fréquemment ce genre de stigmates. Je le rassure : j'ai de la chance, ma figure est toujours celle d'une jeune fille et j'ai encore toutes mes dents. Dans la suite de la discussion, Thierry me demande si j'ai entendu parler de l'émission. Réponse affirmative ! Qui ne la connaît pas ? C'est un programme du dimanche soir qui touche une large audience.

– L'interview ne sera pas réalisée en direct mais enregistrée...

Je lui donne mon accord. J'avoue que je me sens particulièrement flattée d'avoir reçu ce coup de fil. Plus que par les propositions précédentes. Je ne redoute pas de m'exprimer devant micro et caméra. J'ai confiance en moi depuis que j'interviens en réunion. Et mes amis sont là pour m'appuyer : Pierrot, Jacques et Sylvie ; Patrick, surtout, qui est un peu mon « conseiller médias », comme je l'ai dit. Je vais tout de suite en parler avec Michel Branchet, qui est aussi ravi que moi. À la maison, la satisfaction se mêle d'une certaine inquiétude, surtout de la part de maman. Il y a quelque chose d'étrangement magique dans l'enchaînement des circonstances. On dirait une légende ancienne. Un jour vous êtes une épave dans le ruisseau, et le lendemain, sous le feu des projecteurs. Est-ce la même Élodie qui s'est injecté de la vodka dans les veines et qui se prépare aujourd'hui à intervenir sur une grande chaîne de télévision ? Oui et non... Mille fois oui, mille fois non... Mystère éternel de la personnalité humaine...

Lors d'un second échange téléphonique, Thierry me demande si je suis en mesure de venir à Paris enregistrer l'émission. Je me tourne vers maman. Elle me fait signe que la chose est possible. L'affaire est conclue.

*
**

L'enregistrement se déroule dans un appartement parisien. Il n'y a aucune séance de maquillage – c'est un portrait naturel. J'en suis heureuse. L'ambiance est agréable, professionnelle, nullement stressante. Thierry de Mézière sait se montrer direct. Il va droit au but tout en respectant son interlocuteur. Il est question durant quelques minutes du gouvernement, avec lequel je me montre assez sévère. La lutte contre l'alcoolisme des jeunes, selon moi, devrait figurer parmi les priorités. Et elle ne sera pas efficace tant que les mineurs pourront fréquenter les débits de boissons accompagnés d'un adulte.

Thierry me demande aussi ce que je souhaite dire aux parents dont les enfants boivent. Je réponds qu'il ne faut jamais laisser tomber un jeune qui touche à l'alcool. Je parle d'expérience : c'est parce qu'on m'a aidée que j'ai pu décrocher. Le jeune ne doit pas être rejeté, mais au contraire soutenu. L'empêcher de sortir, de voir ses amis ne sert strictement à rien.

Mieux vaut prendre en compte son désir de liberté, tout en l'amenant à comprendre qu'il n'est pas seul, qu'il a toujours la possibilité de parler, de s'exprimer, de réclamer de l'aide, du réconfort. Le jeune qui boit doit absolument sentir qu'il n'est pas exclu et qu'il ne le sera jamais. Qu'il n'est considéré ni comme un paria, ni comme une chose, ni comme un déchet dont on a envie de se débarrasser. J'en profite pour le répéter encore une fois : plus l'alcoolique se sent rejeté, puis il boit. En revanche, s'il sent qu'il est accepté tel qu'il est par son entourage, s'il ne perd pas espoir, alors il trouvera peut-être la force de saisir la perche qui lui est tendue, la bouée de sauvetage. À ce moment-là, il sera en état de prendre les bonnes décisions – ce n'est pas le cas lorsque les gens vous renvoient l'image d'un être irrécupérable. On n'insistera jamais assez sur l'importance du regard de l'autre.

Dans la suite de l'entretien avec Thierry de Mézière, j'explique que j'ai commencé à boire en sixième dans le but de « faire comme les grands », de gagner le respect des autres, de conquérir une identité. Je dis aussi que mon entrée dans la maladie alcoolique a correspondu à la crise de l'adolescence et à une lassitude vis-à-vis de l'école – et c'est ainsi que ma scolarité s'est achevée à l'hôpital. J'essaie de montrer que tenir l'alcool, pour un ado, c'est comme gagner un concours : les autres sont par terre, et toi, tu es encore debout. Je montre aussi comment tout va vite, une fois que le pas est franchi – les choses dégénèrent à une vitesse prodigieuse, comme si l'alcool se nourrissait de sa propre énergie, d'un carburant inépuisable. Comment la santé se dégrade, et non seulement la santé, mais aussi les relations humaines, puisque l'ado qui boit a tendance à s'éloigner de ses amis et à se rapprocher plutôt de ses compagnons de boisson. Comment j'ai manqué de respect à mes parents, à mes sœurs, à mes proches en général – je suis allée jusqu'à lever la main sur eux. Comment j'ai ruiné ma vie jusqu'à me retrouver aujourd'hui, à dix-neuf ans, sans métier ni formation professionnelle.

La discussion dure une heure. Thierry semble impressionné et content. Je me doute que l'entretien ne sera pas diffusé dans sa totalité. Au final, après montage, il reste dix minutes d'émission, ce qui est considérable sur une chaîne aussi importante que TF1. Nous regardons le reportage qui m'est consacré en famille à la maison. Assise avec mes parents, je me prends à espérer que ce reportage permettra de tirer le signal d'alarme et de faire comprendre au public que l'alcoolisme adolescent est devenu un problème de première importance. Que vendre de l'alcool aux mineurs est criminel. Papa et maman sont fiers de moi. Annabelle aussi.

Dès la fin de l'émission, le téléphone se met à sonner. C'est la famille qui appelle. Ils ont eu la surprise de me voir apparaître à l'écran. Il faut dire que je n'avais prévenu personne ! L'effervescence ne concerne pas que ma famille. Au village, tout le monde est stupéfait. Je reçois les félicitations de Michel Branchet, d'Élisabeth et de mes amis de Vie libre – Patrick Pardessus, mon « conseiller en communication », est emballé par ma prestation.

La petite ville de Châteaudun aussi est remuée par l'événement. Durant la semaine qui suit l'émission, je suis sans arrêt saluée par des inconnus qui ont vu le reportage et me reconnaissent. Naturellement, ces réactions me font du bien. C'est un peu la récompense de mes efforts. J'ai dit au début de mon récit combien j'avais souffert des commentaires prononcés dans mon dos quand j'étais ivre et que j'allais titubant le long du trottoir. Soudain je ne suis plus la soûlarde qui a perdu le chemin de son domicile, mais une fille qui a traversé une expérience spéciale, s'en est sortie et délivre maintenant un témoignage utile. Je me dis que j'ai conquis le respect de mes semblables par un autre moyen que la beuverie ; si je suis regardée désormais comme un interlocuteur valable, c'est précisément grâce à mon effort pour résister à la boisson.

La cerise sur le gâteau arrive très vite, quand je vois ma photo dans *Téléstar*. Je pense alors que l'affaire prend une ampleur à laquelle je ne me suis ni attendue ni préparée. Je suis gagnée par une forme d'inquiétude nouvelle. Il faut dire que la situation est devenue quasi insupportable. Impossible d'aller à Châteaudun sans être reconnue ! Lorsque maman s'arrête au feu rouge, je vois que les piétons et les autres automobilistes m'observent. Quand je vais acheter des cigarettes, les gens m'interpellent :

– Vous n'êtes pas passée à TF1 ?

– Si...

– Vous êtes de la région ?

– Oui.

Au Leclerc, je ne veux plus descendre de voiture.

– Je t'attends ici, maman.

Mais maman a besoin de moi. Je finis par céder. Dès que nous franchissons la porte du supermarché, les clients se retournent sur nous. Maman est aussi stressée que moi. Elle me montre les livres.

– Un jour, tu seras dans ces rayons, Élodie. Ce sera encore pire !

Elle ne croit pas si bien dire : les propositions des éditeurs suivent. Je les étudie à la mairie avec Michel Branchet, qui est un grand lecteur, et avec Patrick Pardessus, qui connaît les médias. Pendant nos échanges, je ne doute pas que la prédiction de maman se verra bientôt confirmée... Le fait est que ma petite gloire n'est jamais vraiment retombée. Elle perdure aujourd'hui encore. En somme, la récompense a ses côtés pesants, mais c'est une récompense. Et le bon côté de la chose, c'est que tout le monde a envie de me féliciter, de m'encourager. Les retours, en fait, sont gratifiants. Mes amis me taquinent :

– Alors, la vedette !

Je ne parle pas des SMS et de ma boîte e-mail à la mairie ! Pour ce qui est des messages, je frôle souvent la saturation... Le hasard veut que le procès du Bûcheron se tienne à Chartres quelques jours après la diffusion du reportage. Mon avocat, dès qu'il me voit, me présente ses compliments. Et le juge, lui-même intrigué par mon cas, m'interroge sur mes occupations actuelles.

– Je fais de la prévention, monsieur le juge.

– Et de la télévision, non ?

– Juste une interview sur TF1.

– Vous aviez déjà fait de la télé ?

– Pas du tout, monsieur le juge.

Il ne cache pas son étonnement.

– Et maintenant ?

– Je vais peut-être signer un contrat chez Michel Lafon.

– Voilà qui est intéressant !

Mon agresseur est condamné le jour même à une peine sévère : trois ans de prison ferme. Le monde, en somme, a cessé d'être hostile à mon égard.

– ÉPILOGUE –

Je sors de cette affaire avec le sentiment d'avoir traversé une aventure extraordinaire. Certes douloureuse, mais différente de celles vécues par les gens de mon âge. Il m'a semblé, en voyant le reportage de Thierry de Mézière, que j'incarnais peu ou prou cette partie de la jeunesse aujourd'hui atteinte par le fléau de l'alcool.

Car à l'heure de finir mon récit, je vois que l'Assemblée nationale débat de la lutte contre l'alcoolisme des mineurs. D'après les enquêtes et les sondages publiés dans les journaux et sur Internet, les hospitalisations pour ivresse des moins de quinze ans ont doublé [1]. Les jeunes qui finissent leurs soirées aux urgences sont de plus en plus nombreux. On

1. Nombre d'articles sont parus dans la presse à ce sujet en mars 2009, à l'occasion du débat de l'Assemblée sur l'interdiction de la vente d'alcool aux mineurs. Voir également les enquêtes menées tous les quatre ans par l'ESPAD (Économie et Santé dans les Pays en Développement).

parle même d'une véritable « explosion ». Sur la France entière, les hospitalisations des jeunes adolescents pour alcoolisme auraient augmenté de 50 % entre 2004 et 2007. Les enquêtes mentionnent des cas de jeunes filles tombées dans le coma dans l'enceinte même du collège. On y trouve beaucoup d'allusions au fameux cocktail qui a les faveurs des très jeunes, le désormais célèbre « TGV » – pour « tequila-gin-vodka ».

La vente d'alcool aux mineurs sera-t-elle bientôt interdite ? C'est mon vœu le plus cher. Bien sûr, celui ou celle qui a décidé de boire trouvera toujours un moyen de se fournir en alcool. Mais, pour ma part, je n'ai guère rencontré d'obstacles sur ma route lorsque j'ai basculé dans la boisson alors que j'étais une élève de sixième !

Mon autre vœu le plus cher est que ce témoignage personnel, si modeste soit-il, contribue aux efforts fournis en ce moment par la collectivité pour protéger sa jeunesse. Je pense d'ailleurs, s'il m'est permis de le dire, qu'elle devrait la protéger contre l'alcool plus vigoureusement que contre le cannabis.

Si j'osais aller plus loin, j'ajouterais même qu'il faudrait complètement inverser la tendance. Je veux dire : rendre l'alcool illicite tout en réglementant sérieusement l'usage du cannabis. Là encore, mon opinion est le fruit d'une expérience personnelle. En ce qui me concerne, je n'ai pas eu besoin de cure pour arrêter le cannabis. Pourtant je fumais de longue date ! Et quand je dis « fumer », je pense savoir de quoi je parle. J'avais le bout des doigts tout marron à force d'effriter le cannabis pour me rouler des joints. Ce n'était pas très chic ! Après mon sevrage, j'ai dû me débarrasser de cette peau sombre en l'entaillant avec un coupe-ongle.

Et puis, les effets de l'alcool et du cannabis ne sont pas comparables. Sous l'emprise de l'alcool, le sujet est menacé par le coma. Il ne sait plus où il habite. Il perd le contrôle de ses faits et gestes. Un individu alcoolisé attire sur lui l'intervention de la police, des pompiers, voire de la médecine urgentiste. L'usage du cannabis ne génère pas de telles conséquences. Certes, il faut le contrôler. Mais il fait des dégâts moins considérables que l'alcool. Je vois là une différence purement « culturelle », puisque dans certains pays on fume de l'herbe de façon parfaitement légale. Je ne fais qu'exprimer mon point de vue en disant cela. Quoi qu'il en soit, ma conviction est que l'alcool finira par devenir illicite, et l'usage de l'herbe, autorisé sous certaines conditions.

Le véritable bien, en tout état de cause, ne réside ni dans l'un ni dans l'autre. On le trouve seulement dans l'aptitude individuelle à se dépasser, à aller toujours plus loin, à devenir vraiment soi-même plutôt qu'une personne aliénée.

*
**

À quel miracle dois-je d'avoir été sauvée ? Ce miracle a un nom : le dévouement. Des hommes et des femmes ont accepté de sortir de leur rôle pour me venir en aide, voyant que j'étais emportée par une dérive mortelle et que je ne trouverais pas en moi-même la force de me hisser sur la planche de salut. Je pense évidemment à Michel Branchet, le maire de ma commune, qui m'a appris l'informatique, écoutée, renseignée, conseillée, orientée. Aujourd'hui encore, la petite mairie de Moléans, avec ses murs roses, ses volets verts et sa cour ombragée, constitue un des repères fondamentaux de mon existence. J'y vais souvent. Je m'y sens chez moi. J'y fais des rencontres et des projets. Michel est toujours là, comme un ami, ou comme une sorte de second père, comme un homme qui me connaît mieux que personne. Il me taquine – jamais sur le thème de l'alcool. Je lui réponds sur le même registre. Quand je le laisse sans nouvelles, il s'inquiète. Il demande régulièrement des nouvelles à ma mère. Il a réellement souffert de voir ma déchéance. Puis il a su me faire reprendre confiance en moi. Dans vingt ans, il sera toujours dans mes pensées et dans mon cœur. J'ai beaucoup d'affection pour lui. Lorsque je lui envoie une carte de bonne année, je ne conclus pas mon message par « amicalement », mais par « gros bisous ». A-t-il été un père de substitution ? Je ne dirais pas cela. J'ai un père – mon papa. Mais papa avait tendance à me juger ; Michel, non. Michel, quand il voyait que j'étais au plus bas, me donnait une tape à l'épaule et m'invitait à venir discuter avec lui. Alors que papa avait trop envie de faire de moi une fille « normale ».

Je pense également à la gendarme Élisabeth Forestier. Elle aussi a bien voulu franchir les limites de ses attributions professionnelles, simplement parce qu'elle ne supportait plus de voir une « gamine » se détruire. La patience dont elle a fait preuve ! Le courage qu'il lui a fallu pour se placer au centre de l'affaire par pure et simple humanité, de la façon la plus désintéressée qui soit ! Ensuite, elle a tenu bon, alors que je m'escrimais à lui donner du fil à retordre...

Jérôme, son compagnon, m'a aidée aussi. Il a lu récemment tous mes témoignages. Je me rappelle encore le jour où il m'a invitée à m'asseoir sur la chaise de garde à vue, histoire de faire un test, d'apprendre comment c'était. Et ce n'était pas confortable...

– Tu vois, Élodie, m'a-t-il dit.

Lui et le chef Pozza ont ce talent de savoir protéger les gens vulnérables contre eux-mêmes. Ils ont beaucoup insisté pour que j'arrête aussi le cannabis – et je suis contente de pouvoir leur dire qu'ils ont obtenu gain de cause.

Michel et Élisabeth ont été ma chance. Ils ont joué et gagné. Mon salut est leur victoire.

Mes amis de Vie libre, eux, ont accompli leur mission à la perfection. Certains, comme Jacques et Sylvie Lorcy, me connaissent depuis ma tendre enfance – ils m'ont vue « traîner mes fesses » sur le plancher de la maison, comme ils disent. Le fait de me voir sombrer dans la boisson a été un crève-cœur pour eux. D'autres, comme Patrick Pardessus et Pierre Fournier, ont appris à me connaître alors que j'étais déjà devenue une malade alcoolique. Patrick m'a conseillée de façon avisée. Pierrot m'a fait trembler avec ses histoires militaires ! Tous se sont unis pour tisser autour de ma personne un filet de protection efficace. Mieux, ils m'ont intégrée à leur équipe, de sorte que j'ai à présent la possibilité de participer aux réunions, aux rencontres, aux témoignages. Grâce à eux, je peux aussi prendre des responsabilités au sein du mouvement. Je souhaite d'ailleurs développer mon action au niveau national, comme j'ai déjà commencé à le faire lors des déplacements dont je parlais ci-dessus, à Argenton et à Alès.

Mes rapports avec ma famille se sont considérablement améliorés depuis que je ne bois plus. Pour papa et maman, les choses étaient encore très difficiles au sortir de ma cure. J'étais à prendre avec des pincettes. Je ne mangeais rien, je dormais beaucoup, mes réactions étaient imprévisibles. Je leur ai mené la vie dure depuis le début de cette histoire, et je le regrette du fond du cœur ; mais je sais qu'ils ont compris que cette descente aux abîmes, en un sens, m'a été nécessaire. J'ai voulu comprendre la personne que j'étais, afin de pouvoir m'accepter et me forger une identité propre. Cela peut-il se faire sans se dépasser, sans traverser une épreuve plus ou moins dangereuse ? Certes, nous aurions tous préféré que je m'initie à la vie adulte sur un mode, disons, plus « normal », sans mettre en danger mon existence et celle d'autrui. Mais la vie en a décidé ainsi.

J'adore plus que jamais ma sœur Annabelle, qui m'appelle souvent pour prendre des nouvelles ou me proposer un service, et qui est ravie de savoir que je prépare la sortie d'un livre. Je lui suis infiniment reconnaissante, ainsi qu'à son copain, de boire dans un verre différent du mien lorsque nous sommes à table, afin que je ne risque pas de tremper mes lèvres par inadvertance dans un peu d'alcool. Elle sait qu'une seule goutte de vin peut déclencher à nouveau le processus mortel.

Ma sœur Sonia, c'est un peu différent. Je pense qu'elle n'avait pas trop envie de regarder l'émission *Sept à huit* le jour où mon reportage a été diffusé. Mais je l'aime. Je souhaiterais seulement qu'elle cesse de vouloir que je m'habille comme elle et comme Annabelle ! J'ai décidé en sixième de laisser tomber les jolies robes et les chemisiers. Depuis, je suis bien dans mes jeans et mes sweat-shirts. Même à la télé, j'y suis allée en jean et sweat-shirt ! Ces vêtements mille fois lavés et reprisés par maman expriment ma personnalité profonde. Et qui a jamais changé de personnalité profonde ? Après l'épreuve que j'ai traversée, je ne me sens pas obligée de devenir une autre rien que pour ressembler à mes sœurs. Sonia pourra bien m'acheter des centaines et des centaines de robes, je ne les mettrai pas, point barre ! Nous sommes des gens têtus, comme j'ai déjà eu l'occasion de le préciser ; d'ailleurs, je ne doute pas que ce trait de caractère m'ait été utile dans mon effort pour rompre avec l'alcool.

*
**

Ma vie, aujourd'hui, est déterminée en grande partie par le fait que je suis malade – je parle de ma maladie génétique, ce syndrome d'Ehler-Danlos que la médecine ne sait pas encore guérir. Ma forme physique est loin d'être toujours excellente. Le sport m'est pratiquement interdit. Si j'ai envie de courir, je suis obligée de m'arrêter au bout de cinq cents mètres – alors qu'avant j'étais increvable... J'ai aussi mes douleurs pour compagnes. Mes douleurs de hanche. De genoux. De cervicales. De côtes. De doigts. Il m'arrive aussi de ne plus pouvoir marcher. Dans ces cas-là, je n'ai d'autre choix que de rester allongée et de dormir – au réveil, je suis toujours aussi fatiguée.

Heureusement, j'ai des remèdes contre la douleur. Et l'envie de me dépasser, de surmonter l'épreuve, de franchir l'obstacle, d'aller de l'avant. Ainsi, je parviens assez souvent à surmonter mes souffrances pour aller témoigner. C'est chaque fois une grande victoire remportée sur moi-même – et elle me fait toujours songer à Jacques Lorcy marchant jusqu'à Saint-Jacques-de-Compostelle, couvrant ses mille six cents kilomètres à pied et s'obligeant à oublier ses ampoules et ses crampes... Car le fait de me consacrer à l'association Vie libre est encore le meilleur moyen de ne plus penser à ma maladie et à mes douleurs. J'appartiens au comité de section. Je contribue à la prise de décisions – ajouter un événement, préparer des plannings de prévention scolaire, suivre des malades alcooliques qui attendent notre aide, réserver les salles quand ont lieu des manifestations.

D'où me vient cette volonté ? Des autres – de mes parents, des piliers sur lesquels repose mon existence. Du fait que j'aime ces activités aussi. Je souhaite devenir une professionnelle de la prévention. C'est déjà le cas, en un sens. Mais je voudrais aller plus loin. Plutôt que de donner des cours, j'aimerais « transmettre ». En étant animatrice de radio, par exemple. Une animatrice spécialisée dans la prévention. Je suis quelqu'un qui aime ce que les jeunes aiment en général – la musique, le foot. Et en même temps quelqu'un qui a beaucoup à leur faire découvrir dans un domaine très dangereux qu'ils sont parfois tentés d'explorer, sans même soupçonner que l'expérience les conduira peut-être à leur perte.

Enfin, du fait de mon expérience, je crois avoir saisi le sens profond du combat contre l'alcoolisme. Jadis, l'alcoolique était perçu comme un individu malhonnête, un être vicieux, irrécupérable. D'emblée, il était victime d'un jugement moral, frappé d'opprobre. Jadis, l'alcoolique était un « ivrogne ». Un « poivrot ». Étant mis au ban de la société, il ne songeait bientôt plus qu'à se cacher lui-même. Il s'excluait. Il ne parlait plus à personne. Or, le salut de l'alcoolique est dans l'échange. C'est la conclusion à laquelle je suis parvenue grâce à Michel, à Élisabeth, à Pierrot. Avec eux, jamais le fil de la parole n'a été rompu. Et c'est ce qui m'a sauvée. D'où l'habitude que je garde de sortir avec des jeunes qui n'ont pas – ou pas encore – pris la décision de ne plus consommer d'alcool. Il faut du courage pour passer toute une soirée avec des buveurs. Il vaut mieux être en forme. Et bien dans sa tête.

Cela dit, ma cure est loin derrière moi maintenant. Je perçois le déroulement des choses avec plus de recul. Je vois venir le moment où il est temps de dire : « Stop ! » Et les jeunes m'écoutent, en général. Alors je me dis que je suis peut-être utile à quelque chose. Que j'ai sur eux une influence positive. Ils savent que je suis là pour leur sécurité. Ils arrêtent avant l'incident, et c'est toujours ça de gagné. Là encore, le fil n'est pas rompu.

*
**

Je me demande parfois si je n'ai pas vécu une sorte d'aventure extraordinaire. N'ai-je pas eu la chance d'interrompre le processus juste avant l'irréparable, comme dans un bon scénario ? Un malheur s'est abattu sur moi et j'en suis venue à bout. Mon histoire, si mal commencée, connaît une fin heureuse. Elle ne s'est achevée ni en prison ni au cimetière. De sorte que je n'ai rien à regretter.

D'abord parce que je m'en suis sortie, même si je dois me méfier encore des périodes de déprime, quand le risque est plus grand de céder à l'attrait d'un verre. Des réunions de famille, aussi, où l'on rencontre trop fréquemment de ces parents ou « amis » bien intentionnés qui, par pure ignorance, vous poussent volontiers à boire et vous mettent au défi.

Ensuite parce que j'ai vécu une épreuve exceptionnelle. Je ne suis pas restée assise à attendre que le temps passe. Je suis allée au bout de moi-même, sachant qu'aller au bout de soi-même veut dire exprimer ses défauts autant que ses qualités. Celui ou celle qui s'enfonce dans l'alcoolisme touche du doigt des choses très profondes sur l'existence humaine, et en revient avec des connaissances que les autres n'ont pas.

Enfin parce que je garde espoir. Ma vie bouge constamment. J'ai des activités. Mon témoignage sera bientôt publié – jamais je ne serai allée si loin dans la description de ce qui m'est arrivé.

Et mes amis sont toujours là, comme un précieux trésor.

– Remerciements –

Je tiens à remercier encore une fois Michel Branchet, Élisabeth Forestier, Jérôme son compagnon, Pascal Pozza, Pierre Fournier, Jacques et Sylvie Lorcy, Patrick Pardessus, Gilles Renoult et toutes les personnes qui m'ont aidée de près ou de loin.

Merci du fond du cœur à ma famille et je m'excuse pour tout le mal que j'ai pu leur faire.

Merci aux éditions Michel Lafon qui m'ont fait confiance ainsi qu'à Serge Filippini.

Enfin, merci au docteur William Lowenstein d'avoir pris le temps de me lire et de participer à ce livre.

Mise en page
PCA
44400 Rezé

Impression réalisée sur Variquik par
Corlet Imprimeur S.A.
14110 Condé-sur-Noireau
pour le compte des Éditions Michel Lafon
N° d'impression : 122384

Imprimé en France
Dépôt légal : mai 2009
ISBN : 978-2-7499-1024-6
LAF 1195